零壹智库出品
01caijing.com

零壹财经书系
主编：柏亮

金融科技发展报告 2018

支付、征信、区块链与数字货币、保险、理财、信贷、众筹……

零壹财经重磅新作，全景式呈现金融科技典型业态的发展历程、现状、案例、监管政策，以及面临的挑战和发展趋势……

零壹财经 · 零壹智库◎著
孙爽◎统筹

中国经济出版社
CHINA ECONOMIC PUBLISHING HOUSE
·北京·

图书在版编目（CIP）数据

金融科技发展报告.2018/零壹财经·零壹智库著.
—北京：中国经济出版社，2019.1
ISBN 978-7-5136-5500-2
Ⅰ.①金… Ⅱ.①零… Ⅲ.①金融—科技发展—研究报告—中国—2018 Ⅳ.①F832
中国版本图书馆 CIP 数据核字（2018）第 286856 号

责任编辑 张梦初
责任印制 巢新强
封面设计 华子设计

出版发行 中国经济出版社
印 刷 者 北京力信诚印刷有限公司
经 销 者 各地新华书店
开 本 710mm×1000mm 1/16
印 张 13.75
字 数 200 千字
版 次 2019 年 1 月第 1 版
印 次 2019 年 1 月第 1 次
定 价 68.00 元
广告经营许可证 京西工商广字第 8179 号

中国经济出版社 网址 www.economyph.com 社址 北京市西城区百万庄北街 3 号 邮编 100037
本版图书如存在印装质量问题，请与本社发行中心联系调换（联系电话：010-68330607）

—本书编写人员—

研究单位 零壹财经·零壹智库

统　　筹 孙　爽[①]

作　　者 孙　爽　王胜斌[②]　蒋　慧[③]　赵志涵[④]　王巧月[⑤]
李　昕[⑥]　徐晓梅[⑦]　赵　越[⑧]

编　　委 柏　亮[⑨]　孙　爽　陈小辉[⑩]　陈宜飙[⑪]

研究支持单位 新颜科技、前隆科技、泰然金融

---

① 零壹财经分析师，负责第 3 章的写作及全书内容的编辑与统筹。
② 四川大学经济学院在读博士，负责第 1 章的写作。
③ 零壹财经分析师，负责第 4 章的写作。
④ 写作本书时为零壹财经实习生，负责第 5 章的写作。
⑤ 写作本书时为零壹财经实习生，负责第 5 章的写作。
⑥ 零壹财经分析师，负责第 6 章的写作。
⑦ 零壹财经分析师，负责第 2 章的写作。
⑧ 零壹财经分析师，负责辅助第 3 章的写作。
⑨ 零壹财经创始人兼 CEO。
⑩ 零壹研究院副院长。
⑪ 正奇国际资产管理有限公司执行董事。

序 言

金融科技，打开一个怎样的时代

我们动态地理解金融科技，它是一个时代概念，而不是一个行业概念。

全球金融稳定理事会对金融科技（Financial Technology，FinTech）的定义是：泛指通过技术手段推动金融创新，对金融市场、机构和服务产生重大影响的业务模式、技术应用、流程和产品。

这是目前被引用最广泛的定义。这也是一个不得已的定义，因为它几乎无所不包，似乎挑不出毛病，但是也不免失之宽泛。其实，任何静态地定义金融科技的尝试都是非常困难的：金融科技带有强烈的技术特征，而“技术手段推动”几乎能够涵盖一切，因为技术手段是日新月异变化的。

我们从另一个角度来看“金融科技”：它作为一个概念的时代特征是什么，这些时代特征在当下比较突出的落脚点在哪里？

直观地看，“金融科技”的兴起是最近3～5年的事情，尤其是最近两年，它成为泛金融界使用频率最高的词汇之一。

第一，它充分运用了移动互联网，这使得金融服务人群的极速扩张具有明显的历史阶段性特征。

互联网对金融的改造已经非常深远，但是移动互联网是一次新的飞跃，它从两个角度深刻地改变了金融（尤其是个人金融）的形态和效率：

一是使金融服务脱离了地理限制，不仅仅是从网点脱离出来（这一点PC互联网也能做到），更是从任何固定的地理位置解放出来，能够随时随地服务；

二是移动互联网的普及使金融服务人群急剧下沉、快速扩张，这在中国等发展中国家尤其明显，它极大程度地改变了金融市场的结构，这种改变是历史性的。

第二，数据成为最重要的金融资源，金融风险定价进入全新时代。

数据已经成为最重要的金融资源。互联网使市场主体的行为高度数据化，移动互联网使智能设备成为"人"的一部分，人的行为既是数据源，也是数据的结果。金融业成为资金和数据合力形成的新生态。你会发现，最近几年，围绕金融业形成了一大批新的公司，它们几乎都在为金融业做一件事："弄"数据——数据采集与交易、获客、征信、反欺诈、评分、评级、资产结构化等。它们使金融业在两个方面实现了本质上的提升：交易效率的提升和风险定价的精准性。

第三，人工智能重塑金融"行为"，金融市场会进入更"有效"的时代吗？

智能化在很大程度上依赖数据化，也在另一个维度改变了金融业：理性与人性。在很长时间内，金融理论都构建在经济人假设上：人是理性的，市场是有效的。无论是大型金融危机还是微观交易事件，都一再地推翻这个假设。近些年，“动物精神”成为经济学的热门话题，“行为经济学”再度获得诺贝尔经济学奖，这些都是经济学界的反思，它试图重新发现经济现实中的人性。人性中的非理性因素是市场波动的重要原因，一些经济学家甚至认为它是金融危机的根源。那么，人工智能，一种不断接近人的思维能力但却没有人的非理性因素的“人”，成为金融业务中的“决策者”，是否会让金融市场变成“经济人”的“有效市场”呢？人们不得不重新思考这个问题。

第四，数字货币和区块链的萌芽中，可能酝酿着下一个金融科技时代。

技术对金融的改变，是从微观开始的，是微观变革的积聚、发酵和突破。其中一些革命性的技术和模式虽然还在萌芽期，发展也不稳定，但有可能改变未来的金融格局。典型的例子就是数字货币。它从技术实现方式、市场主体和运营体系等维度为全球支付体系提供了一种全新的可能性；而为支撑比特币运行产生的区块链技术，开始作为一种独立的技术形态和思维方式发展起来，开始向广泛的金融领域和实体经济领域渗透扩展。支付体系和信息交换体系的全新变革，将为金融科技的下一阶段积蓄强大的动力。

第五，金融风险进入“科技时代”。

金融如何创新，风险就会如何“创新”。金融发展的速度，也是风险积聚的速度，市场对新金融的热情，也是对风险敞开的大门。技术本身是中立的，它被一些人用于金融创新，也被一些人用于金融诈骗，它的速度和效率，它的运行方式，在不成熟的金融业态中，本身就是风险。它创新性强，破坏性也很大。

这些时代特征扎根在具体的业务和业态中。本书试图从发展历程、发展现状、新技术的应用、案例、监管、面临的挑战和发展趋势等方面剖析金融科技的几种典型业态：第三方支付、征信与风控、区块链与数字货币、互联网保险、智能理财、智能信贷、互联网众筹和智慧银行。

这远远不是金融科技的全部，它只是在2017年，我们选取的几个样本。我们相信，2018年，你还会看到金融科技时代不一样的特征，不一样的金融科技发展报告。

这是生机勃勃的时代，也是危机四伏的时代，是创造的时代，也可能是毁灭的时代。

零壹财经　创始人兼CEO　柏亮

目录 Contents

第 1 章

概　述

2008 年美国次贷危机给全球带来了灾难性打击，传统金融机构迅速收缩业务战线。不受强监管约束而又掌握大数据、云计算、人工智能和区块链等底层技术的科技公司尝试基于这些底层技术提供金融或类金融服务，促进了科技与金融的融合，进而推动了金融科技（FinTech）的发展。

以时间为序，中国金融科技的发展历程可以分为 4 个阶段：金融电子化、金融信息化、互联网金融和金融科技。1993 年，国务院在《有关金融体制改革的决定》中明确指出“加快金融电子化建设”。此后，银行业金融机构开始探索行业电子化建设之路，不断提升业务的自动化水平。2001—2005 年，中国金融机构在利用现代通信网络的基础上，更加注重数据库技术的应用，逐步提升服务水平和管理水平，实现金融信息化。2006 年之后，金融机构和移动互联网业务出现了深度融合，信息技术渗透到金融业务的方方面面，互联网金融发展迅速。2013 年至今，随着区块链、大数据、云计算、人工智能等新一代信息技术的深入应用，科技对提升金融效率、改善金融服务的影响日渐显著，并已全面融入支付、借贷、证券、财富管理和征信等领域。

那么，究竟什么是金融科技？如何分类？具体驱动因素有哪些？国内外都采取了哪些监管措施？本章将向读者做简要介绍。

一、金融科技的概念与分类

有言道，任何争论均源于概念，足见准确界定概念的重要性。因此，我们首先探讨金融科技的概念。

（一）金融科技的概念界定

关于什么是金融科技，众说纷纭，不同的机构和学者有不同的表述方式。金融稳定理事会（FSB）将金融科技定义为“技术带来的金融创新，它能够产生新的商业模式、应用、过程或产品，从而对金融市场、金融机构或金融服务的提供方式产生重大影响”。巴塞尔委员会采用了 FSB 对金融科技的定义，并进一步将金融科技划分为支付结算、存贷款与资本筹集、投资管理和市场措施四大类型①。

① FSB. FinTech：Describing the Landscape and a Framework for Analysis，March 2016.

尽管定义一致，但两大权威机构对金融科技理解仍有差异，主要体现在金融科技的从业主体方面，以银行监管为主要职责的巴塞尔委员会将金融科技的从业主体限定为非银行机构，以维护金融稳定为己任的FSB则并未限定金融科技的从业主体。

在国家层面，美国国家经济委员会（NEC）指出，金融科技是以金融科技涵盖不同种类的技术创新，这些技术创新影响着各种各样的金融活动，包括支付、投资管理、资本筹集、存款和贷款、保险、监管合规以及金融服务领域里的其他金融活动；英国金融行为监管局（FCA）指出，金融科技是创新公司利用新技术对现有金融服务公司去中介化；新加坡金融管理局（MAS）指出，金融科技是通过使用科技设计新的金融服务和产品。

在学界，国外学者DKC Lee和EGS Teo（2015）认为，金融科技是指通过新技术产生的创新金融产品和服务①。Dapp等（2014）认为，金融科技可以被理解为一种金融服务，通过创新技术的介入来满足人们的要求：高效、低成本、业务流程的改进、快速、灵活和创新②。

国内学者李光磊（2016）等认为，"FinTech"一词是金融的英文表述finance与科技的英文表述technology的合成，本质则是新兴的互联网或高科技信息技术公司利用互联网、大数据、人工智能等新兴高科技开展普惠的、面向大众的金融服务③。韩梅（2016）对金融科技一词的解释与李光磊等学者

---

① Lee D K C, Teo E G S. Emergence of FinTech and the Basic Principles［J］. Journal of Financial Perspectives, 2015, 3.

② Dapp T. FinTech — The digital（r）evolution in the financial sector, "Deutsche Bank Research", Frankfurt am Main 2014.

③ 李光磊. FinTech：仍需"向前"发展［N］. 金融时报，2016-07-21（006）.

一致，但是对于这个词的深层含义，她认为金融科技仅仅是金融业和当代高科技（即互联网信息技术）的结合①。

李淼（2016）对金融科技有不同的见解，认为金融科技是一种商业模式，两个领域的碰撞融合是深刻而广泛的，涉及行业运行的每一个子系统，科技的融入使得金融更有效率，目的在于使科技为金融的发展注入活力和能量，促进金融行业进一步发展和进步②。

总体而言，不同的机构和学者对金融科技的定义既有共同之处也有冲突，但万变不离其宗，不同的表达方式中蕴含着相同的本质。在中国，与金融科技极为相近的概念是互联网金融。互联网金融一词由谢平于 2012 年 4 月提出，2015 年 7 月 18 日中国人民银行、工业和信息化部、公安部、财政部、工商总局、法制办、银监会、证监会、保监会、国家互联网信息办公室十部委发布的《关于促进互联网金融健康发展的指导意见》（银发〔2015〕221 号，以下简称“221 号文”）对互联网金融进行了概念界定。

221 号文发布前后，以余额宝为代表的互联网金融产品如雨后春笋般出现，第三方支付、P2P 网贷、股权众筹、票据理财、互联网金融门户和信息化金融机构等互联网金融服务模式进入快速发展的春天，受到大量用户追捧。互联网金融在极短的时间内迅速扩散，成了各行各业追逐的亮点。因发展速度过快，相关制度供给相对滞后，互联网金融进入了调整期，而金融科技在全球乃至中国仍旧持续较快发展。那么，金融科技和互联网金融的差异主要在哪里？

① 韩梅．FinTech 的发展现状与金融创新分析［J］．经济研究导刊，2016（23）．

② 李淼．FinTech 来袭：重塑金融格局［J］．中国战略新兴产业，2016（14）．

（二） 互联网金融与金融科技

互联网金融与金融科技同样涉及金融和科技因素的碰撞。在定义方面，舆论场对互联网金融的概念也有许多争论，221号文将互联网金融界定为：“传统金融机构与互联网企业利用互联网技术和信息通信技术实现资金融通、支付、投资和信息中介服务的新型金融业务模式。”中国人民银行发布的《中国金融稳定报告》（2014）称：“广义的互联网金融既包括作为非金融机构的互联网企业从事的金融业务，也包括金融机构通过互联网开展的业务；狭义的互联网金融仅指互联网企业开展的、基于互联网技术的金融业务。”

部分专家学者对互联网金融的概念表述虽不同，但本质上无异，认为互联网金融是以互联网手段来实现金融服务。童文涛（2016）的分析方法与韩梅类似，认为“互联网金融＝互联网＋金融”①。郑联盛（2014）提出互联网金融是一种新兴的金融服务模式，它的信息中介、资金融通等业务借助于新兴网络信息技术实现②。

叶纯青（2016）认为，互联网金融与金融科技有相同的本质和核心，都是利用技术驱动金融创新，从而提高效率并降低成本；国内有些学者从消极的方面肯定了“同质论”，认为金融热潮在两者上的转变不过是旧瓶换新酒，这仅仅是名词上的创新，并不会给金融业带来大的变革。

从空间范围上，叶纯青（2016）认为互联网金融的概念仅适用于中国，金融科技则是欧美乃至全球范畴的概念③。

---

① 童文涛．大资管时代即将到来［J］．银行家，2016（5）：46－47．

② 郑联盛．中国互联网金融：模式、影响、本质与风险［J］．国际经济评论，2014（5）．

③ 叶纯青．“FinTech”与互联网金融［J］．金融科技时代，2016（8）：88．

基于历史视角，童文涛（2016）将金融史与科技史相联系，提出互联网金融是金融科技的一个发展阶段：金融业的作用和使命没有随着互联网金融的出现而改变，它的主要任务仍然是以为实体经济运行服务和为客户创造价值；整个金融体系也不会像一些人预言的那样会被互联网金融彻底改变，它的主要作用仍然是资源配置、支付清算、管理风险、价格发现等，互联网金融的经营模式缺乏可持续性，因而只是作为向金融科技过渡的一个阶段而存在。

本书对互联网金融和金融科技辨析如下：**尽管两者涉及金融和科技的结合，但互联网金融主要是提供新渠道，将传统的金融业态互联网化，并未从根本上改变金融业的生产方式；金融科技则是通过技术创新实现金融业务创新，是互联网时代产生的新的业态和组织形态**。

（三）金融科技的分类

从前面分析可知，互联网金融与金融科技既有共同之处，又存在一定差异。为进一步明确金融科技的概念，在此先给出巴塞尔委员会对金融科技的分类，然后介绍221号文对互联网金融的分类，最后给出本书对金融科技的界定与分类。

1. 巴塞尔委员会的分类

巴塞尔委员会将金融科技主要分为支付结算、存贷款与资本筹集、投资管理和市场设施四大类。由于这4类业务本身的发展规模与成熟度存在差异，所以对现有金融体系的影响程度也有所不同，4类业务具体包含的模式如表1－1所示。

表1-1 金融科技业务模式分类

部门创新	信贷、存款和融资服务	支付、清算和结算		投资管理服务
	众筹	零售	批发	高频交易
	借贷市场	手机钱包	价值转移网络	复制交易
	移动银行	对等传输	外汇批发	电子交易
	信用评分	数字货币	数字交换平台	智能投顾
市场配置服务	门户和数据聚合器			
	生态系统（基础设施、开源、应用编程接口）			
	数据应用（大数据分析、机器学习、预测建模）			
	分布式账户技术（数据区块链、智能合同）			
	安全（客户识别和认证）			
	云计算			
	物联网/移动技术			
	人工智能（机器人、金融自动化、算法）			

数据来源：零壹智库。

李文红（2017）① 对金融科技具体业务的分类如下：

（1）支付结算类

就支付结算类而言，该类业务主要包括了面向个人客户的小额零售类支付服务（如支付宝、Paypal 等）和针对机构客户的大额批发类支付服务（如跨境支付、外汇兑换等）。互联网第三方支付业务发展迅速并趋于成熟，但由于其对银行支付系统仍有一定程度的依赖，并未从根本上替代银行的支付功能或对银行体系造成重大冲击，二者更多的是实现分工协作，优势互补。

① 李文红，蒋则沈．金融科技（FinTech）发展与监管：一个监管者的视角［J］．金融监管研究，2017（3）：1-13.

金融机构的支付服务主要针对客户在大额、低频次以及对效率和费用不敏感的支付需求；互联网第三方支付则主要满足客户在互联网环境下对小额、高频、实时、非面对面、低费用的非现金支付需求，更多的是发挥对传统金融支付领域的补充作用。

（2）存贷款与资本筹集类

主要包括 P2P 网络借贷和股权众筹，即融资方通过互联网平台，以债权或股权形式向一定范围内的合格投资者募集小额资金。此类业务主要定位于传统金融服务覆盖不足的个人和小微企业等融资需求，虽然发展较快，参与机构数量众多，但与传统融资业务相比，所占比重仍然较低，更多的是对现有金融体系的补充。

（3）投资管理类

主要包括智能投资顾问和电子交易服务，前者是运用智能化、自动化系统提供投资理财建议，后者是提供各类线上证券、货币交易的电子交易服务。智能投资顾问模式主要出现在少数交易标准化程度较高的发达国家金融市场，应用范围还比较有限，发展前景也有赖于计算机程序能否提升自我学习分析能力，最终能否提供比人工顾问更优的投资建议，还要看市场和投资者能否逐步适应和接受。

（4）市场设施类

既包括客户身份认证、多维数据归集处理等可以跨行业通用的基础技术支持，也包括分布式账户、大数据、云计算等技术基础设施。此类业务的科技属性较为明显，大多属于金融机构的业务外包范畴。

在上述 4 类业务中，前 3 类业务具有较明显的金融属性，一般属于金融业务并纳入金融监管；第四类并不是金融行业特有的业务或技术应用，通常被界定为针对金融机构提供的第三方服务①。

2. 221号文的分类

221号文将互联网金融划分为6类，分别是互联网支付、网络借贷、股权众筹融资、互联网基金销售、互联网保险、互联网信托和消费金融。

互联网支付是指通过计算机、手机等设备，依托互联网发起支付指令、转移货币资金的服务。互联网支付的服务宗旨是服务电子商务发展和为社会提供小额、快捷、便民小微支付。

网络借贷包括个体网络借贷（即P2P网络借贷）和网络小额贷款。个体网络借贷是指个体和个体之间通过互联网平台实现的直接借贷。在个体网络借贷平台上发生的直接借贷行为属于民间借贷范畴，受合同法、民法通则等法律法规以及最高人民法院相关司法解释规范。网络小额贷款是指互联网企业通过控制的小额贷款公司，利用互联网向客户提供的小额贷款。

股权众筹融资主要是指通过互联网形式进行公开小额股权融资的活动。股权众筹融资必须通过股权众筹融资中介机构平台（互联网网站或其他类似的电子媒介）进行。股权众筹融资中介机构可以在符合法律法规规定的前提下，对业务模式进行创新探索，发挥股权众筹融资作为多层次资本市场有机组成部分的作用，更好地服务于创新创业企业。股权众筹融资业务由证监会负责监管。

① 李文红，蒋则沈．金融科技（FinTech）发展与监管：一个监管者的视角［J］．金融监管研究，2017（3）：1-13.

互联网基金销售是指基金销售机构与其他机构通过互联网合作销售基金等理财产品。市场上互联网基金具体可以分为四大类。第一类是类似余额宝的多功能账户，集支付、收益、资金周转于一身；第二类是类似于微信理财通，账户本身没有消费等功能；第三类是第三方基金销售机构的产品，如天天基金网的活期宝；第四类属于银行的产品，功能上类似于一个网络的虚拟基本账户，如平安银行的平安盈、广发银行的智能金等。

互联网保险是指实现保险信息咨询、保险计划书设计、投保、交费、核保、承保、保单信息查询、保全变更、续期交费、理赔和给付等保险全过程的网络化。互联网保险是一种新兴的以计算机互联网为媒介的保险营销模式，有别于传统的保险代理人营销模式。

互联网信托和互联网消费金融是指信托公司、消费金融公司通过互联网开展业务。互联网信托就是通过网络平台进行的信用委托，互联网信托业务一般涉及三个方面的当事人，即投入信用的委托人、受信于人的受托人以及受益于人的受益人。互联网信托业务是由委托人依照契约规定，为自己的利益，将自己财产上的权利通过受托人（即互联网平台）转给受益人作为资金周转，受益人按规定条件和范围通过受托人转给委托人其原有财产以及过程中所产生的收益。互联网消费金融是指通过互联网向个人或家庭提供与消费相关的支付、储蓄、理财、信贷以及风险管理等金融活动。互联网信托业务、互联网消费金融业务由银监会负责监管。

3. 本书的界定与分类

基于国内外金融科技发展的实际情况，结合国内外机构和学者对金融科技的探讨，本书将金融科技界定为技术带来的金融创新，能够产生新的商业模式、应用、过程或产品，从而对金融市场、结构和服务的提供方式产生重大影响，从业主体既包括持牌机构，也包括非持牌机构，主要业务包括“支付结算”“存贷款与资本筹集”“投资管理服务”和“征信”4个核心应用领域。

（四）小结

本部分主要介绍了金融科技的发展背景、概念、与互联网金融的异同以及相关的分类等内容。首先，介绍了不同机构、学界和业界对金融科技的定义。其次，基于对金融科技的定义，将互联网金融和金融科技进行了辨析。本书认为，尽管两者涉及金融和科技的结合，但互联网金融主要是提供新渠道，将传统的金融业态互联网化，并未从根本上改变金融业的生产方式；金融科技则是通过技术创新实现金融业务创新，是互联网时代产生的新的业态和组织形态。最后，阐述了巴塞尔委员会和221号对金融科技的分类，并在此基础上提出本书对金融科技的定义和分类：本书将金融科技界定为技术带来的金融创新，能够产生新的商业模式、应用、过程或产品，从而对金融市场、结构和服务的提供方式产生重大影响，其从业主体既包括持牌机构，也包括非持牌机构，主要包括“支付结算”“存贷款与资本筹集”“投资管理服务”和“征信”4个核心应用领域。

二、金融科技的技术驱动因素

从技术方面看来，金融科技主要包括区块链、大数据、云计算和人工智能四大技术驱动因素。金融行业依靠这些新技术一方面不断拓展自身行业宽度，另一方面不断挖掘行业发展深度，对金融机构和市场产生了巨大的影响。下面将对四大技术驱动因素做简要分析。

（一）区块链

2008 年末，中本聪在论文《比特币：一个点对点的电子现金系统》（*Bitcion：A Peer - to - Peer Electronic Cash System*）中首次提出了区块链的概念。狭义来讲，区块链是一种按照时间顺序将数据区块以链条的方式组合成特定数据结构，并以密码学方式保证的不可篡改和不可伪造的去中心化共享总账，能够安全存储简单的、有先后关系的、能在系统内验证的数据。广义的区块链技术，则是利用加密链式区块结构来验证与存储数据、利用分布式节点共识算法来生成和更新数据、利用自动化脚本代码（智能合约）来编程和操作数据的一种全新的去中心化基础架构与分布式计算范式①。

区块链本质上是一个去中心化的数据库，同时作为比特币的底层技术，区块链是一串使用密码学方法相关联产生的数据块，每一个数据块中都包含了比特币网络交易的信息，用于验证信息的有效性和生成下一个区块。简单而言，区块链就是一种去中心化的分布式共享记账技术，能够使得分散的各方建立起信任关系。如果将比特币比作电子黄金，区块链就是一个公共的账本，每一个区块就是账本上面的一页，当其中任何一个人发生交易时，链上的所有人都会在自己的账本上收到交易信息，并且这些交易信息完全是

① 袁勇，王飞跃．区块链技术发展现状与展望［J］．自动化学报，2016，42（4）：481 - 494.

公开、加密且不可被篡改的，于是，每个人手里面的账本都是最新的交易数据，这样就不需要任何权威的第三方清算机构。

其实区块链技术是一种古老又创新的技术，从技术层面来说，区块链的基本要素已经存在很长时间。下面，本书将简要分析区块链技术的应用、优势及不足。

1. 区块链技术的应用

许多国家和行业都在探索区块链技术的应用。

中国政府于2016年发布《中国区块链技术和应用发展白皮书》，并将区块链首次作为战略性前沿技术和颠覆性技术写入《“十三五”国家信息化规划》。其后，中国多个省市陆续出台多项政策推动区块链行业发展。

区块链技术受到欧美主流金融机构的关注略早于中国。

早在2015年，美国纳斯达克通过基于区块链技术的操作平台完成了首个证券交易。现已有纳斯达克、纽约交易所和花旗银行等十余个金融机构在进行区块链金融的探索创新。2016年6月，美国国土安全部对6家致力于政府区块链应用开发的公司发放补贴。此类案例不断涌现。

2016年，英国政府就发布系列分布式账本研究报告，将区块链技术的应用提升到国家战略高度，并在政府管理、税收、数字货币、支付等领域广泛开展区块链技术测试。英国就业和养老金部门是英国首个开始测试区块链支付功能的机构。

渣打银行联手星展银行和新加坡咨询通信发展局建立以区块链技术为支撑的管理平台以防范金融欺诈。

瑞典政府正在进行将土地登记系统置于区块链中的测试，一旦实现，只要交易双方同意，土地交易将被记录在区块链上，所有相关方面都能够对土地交易实施监控。

交易方面，除美国纳斯达克证券交易所试用区块链技术处理私人证券市场的股票交易外，花旗集团、日本三菱日联金融集团、瑞士联合银行和德意志银行等20余家全球大型金融机构也正尝试应用区块链技术，打造快捷便利、成本低廉的新一代交易系统，以此构建新国际金融交易体系主导权。

2016年1月，区块链创业公司（R3 CEV）发布了首个分布式账本实验，使用了以太坊和微软Azure的区块链即服务（BaaS），并连接了巴克莱银行、BMO银行金融集团、瑞士信贷银行、澳大利亚联邦银行、汇丰银行、法国外贸银行、苏格兰皇家银行、道明银行、瑞士联合银行、意大利联合信贷银行以及富国银行等十余家成员银行，通过分布式账本上的代币资产实现模拟交易。

保险和衍生品是控制风险的重要手段，可将不可预知或不可控的相关风险因素最小化。以分散的保险模式为支撑，区块链能够使衍生产品的运行更加透明。一个高效的风险管理过程可以基于信用体系、个人的社会经济资本和在线行为等因素进行设计，使以区块链技术作为支撑的保险产品与大数据相连，通过物联网和健康数据追踪更好地进行保险产品定价和风险评估。同时，物联网使汽车、电器和家庭的其他应用变得简单。通过在区块链上注册，使传统保单以智能合约的形式管理，实现自动损坏检测，并自动触发维修程序，完成全流程的索赔和付款。索赔和保险事故等处理成本趋近于零，欺诈的可能性极小。包括中国平安在内的31家技术金融公司、银行业金融机构以及腾讯联合组建了一个以资本市场为重点的区块链联盟，关注资本市场技术、交易的安全性、贸易平台、保险和银行业。

2. 区块链技术在金融领域的优势

金融行业发展的基础是信任。为了建立起信任机制，金融在发展过程中催发了大量的中心化机构，包括证券公司、第三方支付平台、银行和交易所等。但是，这类中心化机构对金融信息的处理存在时滞，中心化机构的营运也需要花费大量的成本。因此，如何低成本、有效地建立信任关系引起了金融业的广泛关注。

传统经济活动通常依靠中心化方案解决交易或支付问题，即通过某机构或政府信用作背书，将所有价值转移计算放在一个中心服务器（集群）中，所有活动参与者必须信任唯一中心化的人或机构。基于区块链技术的分布式数据库，通过程序化记录、储存、传递、核实、分析信息数据，形成信用机制，相比传统或第三方建立的信用机构，将节省大量人力和交易成本，为经济活动提供安全可信的交易环境。

就证券交易所而言，区块链技术主要用于股票的分类、发行和交易记录，因为区块链上面的所有数据都是难以被篡改的，并且区块链中的交易确认和结算同时进行，在交易完成后自动写入分布式账本并更新其他节点对应的分布式账本，自动化的运作机制可以大幅缩短结算时使用的周期。区块链技术在经济、金融领域的引入将发挥以下优势：

一是降低信用风险。区块链技术开源、透明的特性，使经济活动参与者能够知晓经济事务规则。在区块链技术下，每个数据节点都可以验证账本内容、构造历史真实性和完整性，这在一定程度上使得经济活动可追责，易于降低系统信任风险。

二是金融机构业务流程优化。引入区块链技术后，交易被确认的过程即实现了清算、结算和审计的全过程。相比金融机构的传统运行模式，有可能节省大量的人、财、物资源，对优化金融机构业务流程、提高金融机构的竞争力具有重要意义。

三是驱动新型商业模式的创新发展。区块链技术的引入将突破中心化模式下的传统商业流程，实现大数据下此前难以实现的新的商业模式，对数以万计的用户身份、制度和维护任务进行管理。

四是促进共享金融和共享经济发展。共享金融的本质是通过减少金融信息的不对称性，实现金融资源优化配置，并通过严格的第三方认证和监督机制，保证交易双方权益的落实，促成交易达成。通过使用区块链技术，金融信息和金融价值能够得到更加严格的保护，实现更加高效、更低成本的流动，从而实现价值和信息的共享。

3. 区块链技术的不足

就区块链本身而言，底层的技术元素已相对成熟，但应用层面尚缺乏统一的标准。此外，在技术层面，区块链面临的技术难题主要包括51%的攻击问题、工作效率问题、资源消耗问题以及区块间的博弈和冲突等。

51%的攻击问题是指由于区块链的监管依靠网络中的所有节点共同完成，因此，从理论上讲，只要掌握全网51%的算力就能够篡改区块链数据。

工作效率问题指的是由于采用分布式存储，即网络中的每一个节点都要存储一份数据库，并且当数据库发生更新时，节点需要进行确认并做记录，因此，在一些数据记录频繁产生的应用场景下，区块链的应用性可能会受到限制。

（二）大数据

除了区块链技术，大数据技术也是金融科技强力的驱动因素之一。最早提出“大数据”时代到来的是全球著名咨询公司麦肯锡，该公司在2011年发布的《大数据：创新、竞争和生产力的下一个前沿领域》报告中，首次提出“大数据”这一概念。关于什么是大数据，该报告认为：“大数据指的是大小超出常规的数据库工具获取、存储、管理和分析能力的数据集。”

大数据通常具有多种属性：国务院发布的《促进大数据发展行动纲要》中提到，大数据是以容量大、类型多、存取速度快、应用价值高为主要特征的数据集合。2001年，麦塔集团（META Group）使用3V来描述大数据，即Volum、Velocity和Variety，分别表示数据大小、数据的输入输出速度与数据的多样性。

国内学者方巍、郑玉和徐江（2014）结合业界对大数据的定义，将其归纳为Volume、Velocity、Variety、Veracity和Value五个V，包含了大数据5个方面的特征：第一，数据体量（Volume）巨大。指收集和分析的数据量非常大，从TB级别，跃升到PB级别（1PB = 1024TB，1TB = 1024GB），但在实际应用中，很多企业用户把多个数据集放在一起，已经形成了PB级的数据量。第二，处理速度（Velocity）快，需要对数据进行近实时的分析。以视频为例，连续不间断的监控过程中，可能有用的数据仅仅有一两秒。这一点和传统的数据挖掘技术有着本质的不同。第三，数据类别（Variety）大，大数据来自多种数据源，数据种类和格式日渐丰富，包含结构化、半结构化和非结构化等多种数据形式，如网络日志、视频、图片、地理位置信息等。第四，数据真实性（Veracity）。大数据中的内容是与真实世界中的信息息息相关，研究大数据就是从庞大的网络数据中提取出能够解释和预测现实事件的过程。第五，价值密度低，商业价值（Value）高。通过分析数据可以得出如何抓住机遇及收获价值①。

通常，大数据处理的流程一般包括 4 个方面：数据采集、数据存储、数据处理和数据挖掘。

数据采集指的是利用多个数据库收集来自客户端的数据。具体来看，大数据的数据源主要包括以下 3 个方面：第一，各种智能设备中的运行数据。例如，通过企业内置的传感器收集车速、定位等。第二，互联网网页数据。在社交网络、APP 应用中的用户数据是分析客户行为、收集客户信息的重要来源，这种类型的互联网数据可以通过网络爬虫或者网站公开接口等方式获取。第三，RFID 射频数据。RFID 标签安装在云托盘或产品的外包装上面，有助于提高商家清点商品的效率。数据采集环节最重要的就是大数据的真实性，一个是数据源本身的真实性，另一个是数据的仿冒和篡改。后者可以通过交叉检验，即利用多维度数据对真实性和可靠性进行验证，或者通过钩稽比对，即利用多维度数据进行逻辑对应关系检验。

大数据的数据来源不同，数据结构也多种多样，对大数据的存储系统提出了更高的兼容性要求。较为常用的大数据存储技术有采用大规模并行处理系统架构的新型数据库集群、基于 Hadoop 技术的拓展和封装以及大数据一体机。

---

① 方巍，郑玉，徐江．大数据：概念、技术及应用研究综述［J］．南京信息工程大学学报，2014（5）：405－419.

大数据的数据挖掘是指运用计算机技术，将隐藏在大量数据下的信息和价值进行提取的过程。数据挖掘的技术方法有很多，包括统计分析、决策树、人工神经网络等。

专栏1.1 新颜科技的大数据风控实践

A. 发展概况

上海新颜人工智能科技有限公司（以下简称“新颜科技”）是一家专注于风控领域技术创新的金融科技公司，总部位于上海，在北京、深圳、成都等地设有分支机构。新颜科技通过云计算、机器学习等技术，逐步打造了以人工智能为核心的先进技术体系，向非银信贷、银行、保险、证券、基金理财、社交平台、共享平台以及电子商务等机构提供智能风控服务。

新颜科技借助机器学习技术打造的“信用雷达”核心产品，为客户输出全定制化的借贷风控模型及咨询解决方案，同时整合千万级的信贷不良记录开展金融反欺诈服务。针对行业内诸如逾期率、黑名单误杀率双高等痛点问题，新颜科技还逐步推出负面探针、新颜黑镜、信用档案等一系列产品，以帮助平台提升风险识别的准确度及有效性。此外，新颜科技还布局决策引擎、资产云平台等产品，致力于向金融机构输出更优且更智能的一体化风控解决方案。

截至目前，新颜科技已向多家持牌消费金融机构提供智能金融风控服务，也累积了众多知名互联网金融公司及银行等合作伙伴，合作机构数量超过2000家。

B. 产品类型

新颜科技的产品类型主要分为信用评估、模型服务、授权查询服务、反欺诈、平台与工具等，详情见表1-2：

表1-2 新颜科技的部分产品

产品类型	产品名	产品功能
信用评估	信用雷达	实时分析用户的跨平台信贷申请行为和信贷履约行为，对用户信贷全周期信用进行评估
	信用档案	通过新颜大数据分析用户信贷历史共债和逾期行为，有效控制潜在信贷风险
	负面探针	通过新颜大数据分析用户当前信贷履约行为，提供有效准入规则，提升批核率并降低黑名单误杀率
	新颜认证	基于政府公开数据、生物识别技术等开展多维度信息聚合认证服务，认证实名信息的一致性、识别客户实时本人操作性、核查本人行为记录有效性
模型服务	模型定制	为商户制定模型变量，提供基于机器学习的现有模型调优和定制化模型开发服务
授权查询服务	授权报告	分析经用户授权的多维度互联网行为信息，完善信贷用户的人物画像特征
反欺诈	新颜黑镜	融合设备指纹风险识别、动态风险名单探查，支持商户不同业务场景实时全面风险探测
平台与工具	决策引擎	基于设备指纹、授权服务信息、黑名单、信贷标签、欺诈标签、业务行为等数据进行策略模型化，输出风险等级及决策意见
	雷达预警	将用户风险事件即时推送给商户，以监测贷中风险
	资产云平台	搭载大数据风控体系，协同资产管理服务，为企业解决资金资产匹配、风控等问题

数据来源：新颜科技，零壹智库。

其中，信用雷达是新颜科技在业内率先推出的实时信用评估系统，分为申请雷达、行为雷达、信用现状、全景雷达、场景雷达。它通过实时分析用户的跨平台信贷申请行为和信贷履约行为，对用户信贷全周期信用进行评估，同时将借贷场景精细化，综合全场景及特定场景进行综合评分，并输出专属标签，助力信贷机构有效防范恶意的跨平台欺诈行为，提升企业风险管理能力。

负面探针是通过分析用户的当前履约行为，为互金行业提供有效的准入规则类产品，能有效提升批核率，降低黑名单误杀率，分为“洗白”和“拉黑”两个子产品。“洗白”产品主要解决业内黑名单误杀率很高的情况，同时也致力于筛选出历史信贷记录较好的客群；“拉黑”产品是实时更新的黑名单库，一旦用户发生逾期，将会被第一时间拉入黑名单中，而用户将逾期的借款还清之后，会被移出黑名单，对此类用户，系统会打上逾期又还款的标识。

C. 企业特色

产品服务方面，新颜科技通过金融反欺诈服务、多场景风控解决方案、KYC（了解你的客户）解决方案、AI 预测实验室和风控决策引擎五大业务板块积极打造智能风控服务，努力打造海量精准数据、快速响应识别、智能多维建模、对接模式丰富和 7×24 小时支持等优势。新颜科技开发的人工智能风控系统，基于 40 万维度特征的用户画像，通过深度学习算法，综合评估及预测贷款申请人的欺诈风险和信用风险；通过复杂的网络分析，致力于高效拦截团伙欺诈，评估申请人社交关系圈，降低申请人群体性风险，甄别优质客群；通过深度挖掘 NLP（自然语言处理）技术，以实现企业舆情的实时监控，防范企业信用突然恶化，实时预警行业热点事件，同时结合各类机器学习算法，对企业实时资产状况以及运营状况做出综合评估。

2018年8月，新颜科技与上海交通大学共同挂牌成立了“上海交大－新颜科技人工智能金融科技联合实验室”，着力研究基于深度过程学习的信贷行为建模与风险评估，以及基于信贷行为数据的用户画像及行为的预测关键技术等金融科技领域尖端问题。另外，联合实验室还将致力于通过实习基地等方式共同培养人工智能、金融科技等方面的人才，推动上海政府金融科技智库建设。

在风控行业与服务领域上，新颜科技从将互联网金融公司作为核心客群，拓展到大型持牌机构、银行、券商等，业务也将向智能营销、智能客服等领域扩展。

1. 大数据技术的应用

在国家层面，美国是大数据发展的领跑者，现今，美国的大数据产业发展广泛渗透到经济、政治、教育、安全和社会管理等领域，步入大规模商业化阶段。大数据已成为企业发展的巨大引擎。“Facebook”“Twitter”项目的成功，不仅标志着信息技术企业能够加快推动大数据业务的发展，也标志着大数据的使用将成为领先企业与其他企业之间最显著的差别。在公共设施方面，拉斯维加斯政府利用大数据开发了城市的市政基础设施网络仿真模型，可以全面掌握市政管网信息，避免发生被施工活动误挖的情况，通过模型观察路面和地下的各种管理线设施，管理者可以实时掌握地下关键资产的位置和状况。

里昂政府为了避免交通堵塞的发生，减少堵车对市民的影响，应用IBM开发的“决策支持系统优化器”，根据相关数据做出决策，帮助应对解决意料之外的交通事故，并且优化公共交通，得到实时交通报告，其中包括大量的交通摄像头数据、信号灯数据、天气数据等，通过及时调整信号灯使车流以最高效率运行，辅助处理突发事件，预测可能发生的拥堵情况。新加坡政府使用大数据和电子采购系统，发现腐败的蛛丝马迹。

新加坡所有公共部门的服务和产品采购都需要通过集中在线系统招投标。有关每一宗产品或服务的招投标信息都在政府部门的监督之下，如果发现招投标和资金流动方面的异常情况，就可以发出预警并提供必要的支持。例如，某个机构总是通过同一家公司采购产品或服务，那么就需要对此予以关注。再如，若某个机构的投标总是来自同一家公司，那么这家公司的交易也需要进行检查①。

在金融领域，大数据的应用相当广泛，已经深入到风控、反洗钱银行、证券投资、保险等多个领域。

（1）风控领域

银行和部分互联网公司因用户覆盖面广，往往容易积累海量的用户数据，这为这些机构通过财富、社交、消费等多个方面的数据为用户建立信用

---

① 马亮．大数据技术何以创新公共治理？数据新加坡智慧国案例研究［J］．电子政务，2015（5）：2－9.

评估报告打下了良好基础。总体而言，大数据风控具有如下优势：

第一，大数据风控可以实现对企业的动态信用评估。大数据技术能够及时有效地对捕捉到的数据进行分析，当目标对象产生负面行为时，大数据风控可按照预定模型和频率及时对目标对象信用进行调整。银行可以利用大数据建立企业的信用电子档案，及时掌握企业的生产经营情况，提升银行对企业的风险评估和贷款金额。在大数据技术的帮助下，银行可以详细分析和了解用户的资产负债状况、信用程度，可以帮助构建风险控制模型，提高银行的风险控制能力。

第二，运用数学模型构建评价体系。大数据技术根据内部构建的数学模型，通过将采集的数据带入相应模型运算得到用户的信用评分，评分相对客观可靠。很多互联网金融公司利用大数据建立风控模型对用户的信用进行评级，泰然金融便是其中之一。

泰然金融的风控模型数据来源主要包括 5 个方面，分别是用户的基本信息、贷款历史、信用状况、运营商信息以及联系人信息。

用户的基本信息包括性别、年龄、婚姻状况、学历、出生地、职业和收入水平等。

申请人的贷款历史包括用户在银行和非银行机构贷款的信贷历史。如果用户是首次在泰然金融贷款，则主要使用该用户在其他机构的信贷历史，而对在泰然金融续贷的用户，需要将用户在泰然金融的信贷历史加入风控模型丰富用户的信贷信息。

用户的信用状况包括用户是否被列入了法院失信名单，对于被列入法院失信名单的用户，公司将直接拒绝向该用户贷款。用户近 3 个月、6 个月和

12 个月贷款的逾期情况也会被加入到风控模型，用户的贷款逾期数据主要来自泰然金融的第三方数据合作伙伴。

用户的运营商信息包括通话次数、时长和花费等。

用户的联系人信息包括用户向泰然金融申请贷款时填写的第一联系人和第二联系人，若该联系人信息不在该用户通讯录中或者不是该用户的主要联系人，则认为用户提供了虚假的联系人信息，公司会认为该用户是高风险用户。对于真实的联系人信息，通常会将联系人与用户的通话情况、关系程度作为变量纳入风控模型。

为了迭代风控模型，泰然金融也正尝试在模型中加入新的维度对风控模型进行完善。泰然金融也在拓展第三方数据平台以获取更多的数据源。尽管有上百个变量，但最终进入风控模型的数量通常在 20 个左右，它基于数据本身的重要程度、数据的准确度、覆盖度、稳定性以及数据的相关性对数据进行筛选。首先它会对数据的重要程度进行排序，然后确定数据的准确度。对于相关性较强的一些维度，通过判断数据的稳定性和覆盖度进行筛选。为了避免模型中出现多重共线性，需要对共线性变量进行剔除，通常采取方差膨胀因子检验法，剔除掉方差膨胀因子高的变量。

第三，可以实时出具信用报告，大数据风控通过系统广泛采集目标对象的信用信息，可以做到信用报告直接在线下载打印。

总体而言，大数据能够采集多种多样的海量数据，确保信用报告能够实时动态更新。但是，大数据在征信方便的发展仍然面临一系列挑战。首先，数据质量参差不齐。大数据风控的数据来源非常广泛，数据的质量却屡受怀疑。其次，数据信息存在安全问题，征信机构拥有大量用户的隐私信息，如果出现漏洞导致信息泄露会对征信机构的信誉产生极大影响。

（2）反洗钱领域

大数据技术为反洗钱领域提供了新的方法。经过长期的积累和发展，中国金融机构的数据已经达到一定级别，并且每年还在不断增加，这使得金融机构在大数据运用方面有一定优势。利用大数据技术对金融机构大额交易和可疑交易进行深入分析，可以提高数据准确性，减少人力资源的浪费。

通过和大数据技术相结合，金融机构可以在短时间内搜索出客户身份、资产负债对比以及收付交易等各方面信息，这些数据经过专业技术的分析和挖掘，能够对用户的洗钱行为进行甄别。这种数据优势和金融体制的结合，有效促进了反洗钱工作的进步。

在反洗钱工作中，大数据内容的多样性、丰富性给金融机构提供了有利的信息，可以帮助金融机构完善自身系统和数据的不完整和不全面。一方面，有助于解决反洗钱信息不对称的问题；另一方面，通过对历史和现代支付工具的数据评定，分析预测未来客户的行为，可以为客户划分风险级别，对高风险客户的行为重点监测。

（3）银行领域

银行本身拥有大量的客户基础，具有大量的客户数据，大数据技术可被应用于客户营销、产品创新和运营优化等各个环节。

客户营销方面，银行可以建立大数据平台分析客户的数据，得到客户的消费习惯、消费偏好、消费水平和兴趣爱好等多方面的信息，从而根据这些信息对客户进行画像，并基于此对客户实行精准营销。

产品创新方面，银行拥有大量的用户交易数据，可以通过大数据挖掘用户潜在的需求，开发相关的产品和服务。例如，中信银行的“信e付”，可以全程记录企业交易过程中的企业用户信息、交易信息和资金信息等各方面数据，通过对这些数据的分析和处理，捕捉背后暗藏的价值信息。

运营优化方面，传统银行在对企业进行贷款时，需要进行贷前审查、贷中审查和贷后检查，需要花费大量的时间和人力。当银行使用大数据技术时，可以构建针对用户贷款的评分模型，根据用户自身的信用程度、消费信息、收入水平等自动对申请的贷款进行审批。

（4）证券投资领域

在证券投资领域，大数据主要应用于智能投顾、高频交易和大数据基金等方面。智能投顾是指基于客户的风险偏好和财务状况，利用大数据和量化模型为客户提供投资参考，并根据市场变化对投资策略进行动态调整。近几年，国内外涌现了大量的智能投顾公司，如美国的Wealthfront、Betterment、Motif等，国内的有京东金融、弥财和宜信等。

高频交易也是大数据在证券投资领域应用较多的方面，这是一种通过高速计算能力，尽可能利用瞬时数据以及其他信息技术捕捉市场中细微的价格偏离以获利的交易方式。

大数据基金是由一些基金公司通过量化策略和大数据投资方法相结合成立的。大数据基金通过算法筛选出策略因子，设计出投资者满意的量化模型，并挑选大量的投资标的，相较于普通的基金持股20～30只，大数据基金持股普遍超过上百只，相对分散的股票投资有助于分散系统性风险。同时，利用大数据可以及时更新市场信息，根据市场信息调整选股和模型设计，帮助投资者灵活应对市场变化。

（5）保险领域

随着大数据时代的到来，保险公司可以利用大数据对客户的需求、产品的设计和定价、欺诈的识别进行全面的升级。保险公司可以通过大数据获取客户的消费信息、风险偏好程度、家庭资产等各方面的信息，并且根据客户信息的变化不断进行更新，为客户提供个性化的保单。此外，保险公司可以基于大数据分析，利用过去的欺诈事件建立预测模型，将理赔申请分级处理，在一定程度上可以减少理赔申请欺诈事件的发生。

2. 大数据技术的优势

相较于传统金融，大数据应用于金融领域在运营成本、风险管控和营销方面具有明显的优势。传统银行在对企业进行贷款时，需要进行贷前审查、贷中审查和贷后检查，需要花费大量的时间和人力。当银行使用大数据技术时，可以通过提前建立的模型对企业的贷款进行审批，大大节约了银行的运营成本，提高了融资的效率。在风险管控方面，大数据技术可以帮助构建风险控制模型，提高金融机构和企业的风险控制能力。本书在调研泰然金融时，该公司表示利用大数据建立风控模型的具体流程如下：

第一步，数据采集，使用基于浏览器内核研发数据连接工具——数据盒子采集数据，采集官方数据、行业数据和经过用户强授权的个人数据，做到数据的合规采集。

第二步，格式化，通过 Kafka Streams & KSQL 技术进行数据格式化。

第三步，数据存储，使用 spark/hadoop 技术处理数据存储。

第四步，模型训练，通过流处理、批处理、机器学习和预测分析等技术进行建模，然后将模型部署至现有业务中不断进行训练，最终将模型输出进行风控。

泰然金融建立了涵盖贷前、贷中、贷后的风控体系，对风控人员明确了工作经验要求，已搭建了建模团队及风控系统开发团队，并与部分大数据风控服务公司建立合作。现已经过了专家评分模型阶段，进入数据驱动评分模型时期，并视情况优化贷前风控模型、贷中监控模型以及贷后催收模型。

在营销方面，利用大数据平台可以收集和分析大量客户的数据，从而得到客户的消费习惯、消费偏好、消费水平和兴趣爱好等多方面的信息，可以根据这些信息对客户进行画像，并基于此对客户实行精准营销。

3. 大数据技术的不足

尽管大数据在金融领域的应用有诸多特点，但是，大数据技术在发展过程中仍面临一系列挑战。

第一，在现实生活中，大数据的运用存在诸多难题，例如，如何保护数据的安全和用户的隐私等问题。在大数据时代，用户的隐私更容易被侵犯。黑客入侵大数据数据库会对用户的隐私造成严重的威胁，并且，大数据分析本身也会带来用户隐私泄露的问题：一方面，不能保护隐私而对数据进行"雪藏"；另一方面，数据公开又不能侵犯个人隐私。所以，如何对用户隐私进行保护同时又能够使数据产生价值面临着挑战。在实际生活中，各种保险、理财的推销电话让人们人不胜其烦，诈骗集团窃取用户的隐私信息骗取用户信任进而骗取财物的现象频发不断。

第二，在大数据时代，数据每分每秒都在生成。但是，如何收集到有价值的信息，并进一步理解信息，将信息转化为有价值的内容是大数据时代面临的又一挑战。收集和整理大数据的最终目的是得到有价值的信息，从而帮助人们做出有价值的决策。然而，海量数据的收集避免不了无效数据、错误数据和难辨真伪数据等数据的干扰。大数据技术最为人诟病的就是数据质量难以得到保证。

第三，随着大数据规模的不断扩张，能源价格持续上涨，高能耗已逐渐成为制约大数据快速发展的一个主要瓶颈。要达到低成本、低能耗、高可靠性目标，通常要用到冗余配置、分布式和云计算技术，在存储时要按照一定的规则对数据进行分类，通过过滤和去重，减少存储量，同时进行索引便于查询操作。在大数据管理系统中，能耗主要由两大部分组成：硬件能耗和软件能耗，二者之中又以硬件能耗为主。如何降低大数据能耗的使用，是大数据技术面临的众多挑战之一。

（三）云计算

关于云计算的定义，尚未有一个统一的标准。

美国国家标准与技术研究院（NIST）对云计算定义如下：云计算是一种按使用量付费的模式，这种模式提供可用的、便捷的、按需的网络访问，进入可配置的计算资源共享池（资源包括网络、服务器、存储、应用软件和服务），这些资源能够被快速提供，只需投入很少的管理工作，或与服务供应商进行很少的交互。中国云计算专家咨询委员会副主任、秘书长刘鹏教授给出的定义是："云计算是通过网络提供可伸缩的廉价的分布式计算能力。"

云计算通常体现为 3 种服务交互模式：基础设施即服务（IaaS）、平台即服务（PaaS）和软件即服务（SaaS）。基础设施即服务是指提供计算能力、网络、存储或者其他基础性计算资源等服务。在"平台即服务"模式下，用户可以采用特定编程语句开发的应用程序管理数据。在软件即服务模式中，用户能够使用服务商在云基础设施上的应用，可以利用终端登录服务门户，使用相关应用程序和系统。

本书对泰然金融进行调研时，该公司表示云计算是设施层面的基础保障，使得互联网企业从自建机房、维护机房的工作中解放出来，通过将海量的服务器资源通过网络进行整合、调度分配，解决因为存储计算资源不足所带来的问题，即赋能基础设施。泰然金融有自有云计算平台，核心风控能力就建立在此平台上。公司有专业的团队对系统进行安装、维护和升级，使得公司可以在短期内以尽量低的硬件成本和尽量简便的方式在多平台间进行切换。

1. 云计算的应用

国内的阿里是国内较早提供金融云服务的企业。2013 年 11 月 27 日，阿里云宣布将整合阿里巴巴集团旗下各方面资源推出金融云服务，联合其他金融产品解决方案，为银行、基金、保险等金融机构提供 IT 资源和互联网运维服务，同时还将为这些机构提供支付宝的标准接口和沙盒环境，让金融机构能够更好地开展互联网业务。金融云通过提供科技支撑，让小微金融机构更加专注于金融业务的创新发展，实现专业化、集约化发展，促进金融业务与科技信息的合作共赢。

网易从 2015 年开始进入云计算市场，在反垃圾云服务、即时通信云服务等领域取得了巨大成果，而且基于开源应用容器引擎（Docker）切入的云计算基础服务也具有巨大的发展前景。2016 年底，百度云发布了 ABC（AI、Big Data、Cloud）三位一体战略，将人工智能、大数据和云计算结合起来，在智能物联网、智能多媒体和智能大数据三大领域进行挖掘。从2017年开始，华为将以公有云服务为基础，大力投资打造开放的公有云服务，建设专业、安全、可信赖的云生态环境。

2. 云计算的优势

云计算的迅速发展得益于本身所具有的发展潜力和巨大优势，主要表现在以下几个方面。

首先，云计算可以帮助迅速搭建应用，使企业不必购买硬件和组织人员维护应用，可以通过将应用搭建在云上，帮助企业领先一步。其次，云计算可以帮助企业节约建立基础设施的成本。

传统习惯部署软件，势必会对企业资源造成一定的浪费。

3. 云计算的不足

任何事物都有两面性，云计算也不例外，尽管它在各个方面应用具有很大的优势，仍面临许多问题。第一，数据的安全性问题。很多企业不会选择将具备竞争优势或包含用户敏感信息的应用软件放在“云”上，一旦被黑客攻击导致数据泄露将会对企业产生重大冲击。

第二，云计算会在一定程度上降低企业的自主权。企业出于慎重考虑，通常希望能够完全管理和控制自己的应用，云计算在某种程度上降低了企业的自主权。

（四）人工智能

人工智能（Artificial Intelligence，AI）是研究、开发用于模拟、延伸和扩展人的智能的理论、方法、技术及应用系统的一门新的技术科学。其中，

“人工”指的是为特定目标而设计的，能够被人控制的物理过程。而对“智能”尚未形成统一的意见。总的来说，主要有三种观点：第一种观点认为智能体现为知识、推理等过程。第二种观点认为知识是一种信息，大脑神经元之间的相互作用才是传递这些信息的关键，是产生思维的物质基础。第三种观点基于生物进化论视角，认为智能人是在与周围环境中的感知和交互中进化而来的，因此与周围环境的互动才是智能的体现。本书认为人工智能必须建立在大数据和云计算基础上，是对人的行为的理解，是通过机器的方式去部分增强或模仿人的行为方式，从而帮助企业进行决策。

人工智能首次被提出是在20世纪50年代，发展至今，经历了两次高潮和两次低谷。第一次高潮是在1956—1974年，这一时期涌现了大批成功的程序和新的研究方向，包括搜索式推理、自然语言和微世界等。

然而好景不长，1974—1980年，人工智能的发展进入了第一次低谷。由于计算机的运算能力有限，导致AI程序在处理一些复杂的问题时面临挑战，另外数据的缺乏也导致人工智能在自然语言方面进步缓慢。

得益于专家系统的应用，人工智能迎来了发展的第二个黄金时期。专家系统是一个智能计算机程序系统，其内部含有大量的某个领域专家水平的知识与经验，能够利用人类专家的知识和解决问题的方法来处理该领域问题。专家系统可以从一组知识库中验算逻辑和规则，从而解决某一特定领域的问题。1980年，卡内基梅隆大学为数据设备公司设计的XCON专家系统在6年时间每年为该公司节省了4000万美元的运营费用，这引发了全世界各个大公司的效仿，1980—1987年，人工智能重获新生。

然而在1987年后，曾经发展良好的专家系统不能在更大规模和范围的领域运用，并且专家系统的维护费用居高不下，人们开始对专家系统感到失望，人工智能研究再次遭遇寒冬①。

20 世纪 90 年代后，随着计算机设备、技术和互联网的快速发展，人工智能开始逐渐被应用到越来越多的领域，如无人机、自动驾驶等。2013 年，深度学习算法在语言和视觉识别上取得了较大的进展，2016 年 AlphaGo 4∶1 击败了韩国围棋九段选手李世石，翻开了人工智能的新篇章。

1. 人工智能的应用

在自然语言识别方面，人工智能可以用于智能客服助理以及对语音数据进行挖掘。例如，对用户的语音进行识别，掌握客户的需求，根据自身知识库和相应的逻辑运算法则，对客户的需求进行语音回答，解决客户的问题。客户直接向部分智能客服说出服务需求转接至相应的模块，中途节约了客户选择菜单的时间。而语音数据挖掘方面，由于电话银行的通话中包含大量的信息，通过人工智能可以对语音中包含的信息进行识别和收集，为金融机构提供数据支持。

在图像识别方面，人工智能可以通过监控对核心领域进行识别，如集中运营中心、数据中心机房等。此外，在网点柜台内安装摄像头，可以对银行员工进行监控，查看银行员工的行为是否合规，以及时发现可疑行为和交易。

在金融领域，人工智能还有一大用处是金融预测和反欺诈：大规模采用机器学习，导入海量的金融数据，构建模型，使用深度学习技术，发现金融行业中发展的规律，对未来的走势和交易进行预测，并提前做出决策。

---

① 徐忠，孙国峰，姚前．金融科技：发展趋势与监管［J］．金融博览，2017（9）．

此外，人工智能可以基于海量信息制订服务计划和开发理财产品助手。2015 年，英国巴克莱银行开发的人工智能系统能够帮助客户自动完成业务交易。花旗集团则从 2012 年起，开始运用人工智能电脑完善客户服务，包括提供诸如客户需求分析、预测经济走势等服务，同时还能够根据个人投资履历提供合适的投资计划。

2. 人工智能的优势

人工智能在实际应用中具有诸多优势。由于机器不需要休息，可以比人类工作更有效率，并且人工智能的执行由机器的参数决定，一旦参数确定，人工智能的行动就是确定的，出现失误的情景会大大减少。因此，在长时间、高质量地完成重复性工作方面，人工智能是近乎完美的选择。

3. 人工智能的不足

人工智能在发展过程经历了高潮和低谷，如今迎来了又一轮快速发展的契机，但是，在发展过程中，仍面临着许多风险。

就投资而言，由于人工智能存在一定的认知能力，会按照事先预定的策略执行指令，但是人们并不能保证制定的策略系统一定是正确和有效的，一旦预定的系统出现错误或纰漏，将会带来不可控制的后果。人工智能投资系统一旦投入运行，在再次调整和修改之前，它的系统是不受人控制的，只能按照预先定好的程序一步一步执行。软件系统的错误是难以避免的，一旦发生也是不可控的，而人工智能软件可能会存在很多不受控的错误，在运行过程中一旦触发，可能会对投资者的资金安全造成威胁。

（五）小结

本部分对金融科技的四大驱动因素进行了详尽的阐述。首先，对区块链、大数据、云计算和人工智能的范畴和发展进行了介绍；其次，分析了四大驱动因素在金融科技方面具有的优势和应用场景；最后，对四大驱动因素在金融领域所面临的挑战进行了简要阐述。

三、金融科技的国际监管

（一）国际组织

近年来，金融稳定理事会、巴塞尔委员会、国际证监会组织和国际保险监督协会等国际监管组织均成立了专门的工作组，从不同角度研究金融科技的发展演进、风险变化、对金融体系的影响和监管应对等问题，探索如何相应完善监管规则，改进监管方式。

1. 金融稳定理事会（FSB）

金融稳定理事会的前身为金融稳定论坛（Financial Stability Forum，FSF），是7个发达国家（G7）为促进金融体系稳定而成立的合作组织。在中国等新兴市场国家对全球经济增长与金融稳定影响日益显著的背景下，2009年4月2日在伦敦举行的20国集团（G20）金融峰会决定将FSF成员拓展至包括中国在内的所有G20成员国，并将FSF更名为FSB（Financial Stability Board）。FSB专门成立了金融创新网络工作组，负责金融科技相关研究工作。

2016年3月16日，FSB在日本召开第16届年会，主要讨论了金融科技的系统性风险及监管问题，并发布了《金融科技的全景分析与分析框架报告》。这一分析框架分为三个步骤：

第一，需要对各类金融科技产品及其机构的创新内容和机构特征充分分析。特别是一些跨市场跨业的运营，一定要认清经营模式的实质：是真正市场需要的金融服务创新，还是只是借创新之名牟取暴利、挣快钱。这些机构的管理和内控是否存在着与金融行业特征严重不符的问题等。

第二，对金融科技的驱动因素加以区分。对于确实有利于降低成本、优化风险管理、填补金融服务空白、满足市场需求的创新活动应在整改规范基础上给予支持，但对于规避监管或进行监管套利的，甚至涉嫌非法集资的“伪创新”或犯罪行为，则应给予严厉打击。

第三，要注意前瞻评估对金融稳定的影响，从微观和宏观两个层面加以充分评估。在微观层面上，应重点评估金融科技对传统金融机构商业模式的影响，对金融市场中各个市场参与主体行为方式和风险状况的相互影响，以及可能给金融体系带来的脆弱性等。也就是说，要注意从微观商业模式或产品入手，发现它可能存在的宏观潜在影响，这有助于我们判断是否应该鼓励相关业务。

在宏观层面上，应重点评估金融科技活动是否会对金融体系的复杂性、透明度、流动性、杠杆率、信用风险和交易对手风险方面造成实质性影响，是否会对整个金融系统的期限转换、流动性错配和风险转换造成影响，是否会对市场结构和竞争造成实质性影响，以及金融科技的外部性效应大小等。

2. 巴塞尔委员会

巴塞尔委员会是1975年2月成立于国际清算银行下的常设监督机构，由银行监管机构的高级代表以及比利时、德国、加拿大、日本、意大利、法国、日本、卢森堡、荷兰、瑞典、瑞士、英国和美国的中央银行组成。2009年3月16日，巴塞尔委员会决定吸收澳大利亚、巴西、中国、印度、韩国、墨西哥和俄罗斯为该组织的新成员。2009年6月10日，巴塞尔委员会邀请二十国集团（Group of 20，G20）中的非巴塞尔委员会成员、新加坡以及中国香港加入委员会。

国际清算银行通常每年召开3次例会，为各国金融监管者提供交流共享信息和观点的平台，通过签署各种合作协议达到促进银行监管国际合作、降低银行运作风险和维护全球金融稳定的目的。尽管巴塞尔委员会并不拥有超越各国主权的监管特权，公布实施的各项协议文件也并不具备法律约束力，但是在巴塞尔委员会成立至今的30多年里，其提倡的监管标准和指导原则在国际银行业中得到广泛应用，大大提高了各国商业银行的风险管理能力。

巴塞尔委员会专门成立了金融科技工作组，主要关注金融科技对银行经营模式、市场地位和银行业系统性风险的影响，以及对银行监管提出的挑战，多数国家认为金融科技将对现有银行体系产生影响，但也一致认为，无论是科技企业从事银行业务，还是商业银行与科技企业开展合作，均应适用现行的银行监管法律法规。此外，大多数国家均较为关注为银行提供第三方技术服务的科技企业（非持牌机构），以及可能对银行产生的外部风险。

3. 支付与市场基础设施委员会

1990年，十国集团（G10）设立了支付和结算系统委员会（CPSS），处理银行间的净额结算工作。2009年，CPSS成员扩大到25个中央银行，为了反映这一扩地的成员资格，CPSS开始向全球经济会议（GEM）的总督报告，而不是G10理事会。2013年9月，CPSS更名为支付和市场基础设施委员会

(CPMI)。2018年3月，CPMI成员国扩大到28家中央银行。CPMI是国际清算银行下设的组织机构，主要职责是制定和推动实施支付清算领域的国际标准，促进提升全球与各国支付清算体系的效率和安全性。CPMI没有任何正式的超国家权力机构，它依赖成员履行任务的承诺。

CPMI主要关注金融科技对传统支付方式和支付体系等金融基础设施的影响，评估金融科技对支付清算领域可能带来的潜在风险，包括对中央银行功能的影响（CPMI，2016）①。同时，还关注非持牌机构在支付领域的作用，以及各国可采取的监管措施（CPMI，2014）②。近期，按照金融稳定理事会的要求，CPMI正在重点研究区块链技术在支付清算领域的潜在运用与风险。

4. 国际证监会组织

国际证监会组织（International Organization of Securities Commissions，IOSCO）也称证券委员会国际组织，是国际各证券暨期货管理机构所组成的国际合作组织。总部设在西班牙马德里市，正式成立于1983年，前身是成立于1974年的证监会美洲协会。中国证监会于1995年加入该组织，成为正式会员。现有193个会员机构，其中包括110个正式会员（Ordinary Member）、11个联系会员（Associate Member）和72个附属会员（Affiliate Member）。IOSCO的宗旨是通过交流信息，促进全球证券市场的健康发展。IOSCO各成员组织协同制定共同的准则，建立国际证券业的有效监管机制，以保证证券市场的公正有效，并共同遏制跨国不法交易，促进交易安全。

---

① CPMI. *Payment Aspects of Financial Inclusion* [J], Research Report, 2016 (4).

② CPMI. *Non-banks in Retail Payments* [J], Research Report, 2014 (9).

在金融科技方面，IOSCO 主要关注金融科技对资本市场的影响，以及众筹融资业务风险、网络信息安全等问题，在 2014 年和 2016 年分别发布了众筹行业发展报告。报告基于全球上千个融资平台收集的数据以及行业领先的智囊团的分析，对众筹行业进行了全面现实的评估，分析了众筹行业每年的变化和增长速度，对众筹行业资金的集中地区和集中产业进行了详尽的描述。该报告不仅对众筹提供了一种实用、定量的分析，还对众筹行业的前景进行了预测。

5. 国际保险监管协会

国际保险监管协会（IAIS）成立于 1994 年，现有成员包括 180 个国家的保险监管组织。1999 年以来，IAIS 开始吸收保险专家作为观察人员，已有超过 100 个代表着行业协会、专家协会、保险和再保险机构、咨询组织和国际金融组织的观察员。IAIS 负责更新国际保险准则，提供保险培训，支持保险监管，为监管人员安排年会等。IAIS 成立以来，在制定全球保险监管标准、改善跨行业的监管、推动保险监管国际规则的执行等方面取得了明显成效。IAIS 主要关注金融科技发展对保险业和保险监管的影响，重点研究保险行业信息科技风险、金融科技促进普惠保险发展等问题（IAIS，2015）①。

（二）主要国家

近年来，随着金融科技的迅速发展，不同地区和国家在国际组织监管的框架下，基于自身实际情况对金融科技的监管进行了不同的尝试。本书在金

---

① IAIS. *Issues Paper on Conduct of Business in Inclusive* [J], Research Report, 2015 (11).

融科技监管发展较为成熟的北美洲、欧洲、亚洲和大洋洲中分别选取了美国、英国、新加坡和澳大利亚进行介绍。

1. 美国

美国的金融科技市场十分成熟，对金融科技的监管主要体现在金融科技白皮书、功能性监管、支持负责任的创新以及无异议函和分业监管等方面。

（1）金融科技白皮书

2017年1月13日，美国白宫发布了关于金融科技监管的白皮书文件——*A Framework For FinTech*。该白皮书认为金融科技能够促进普惠金融的发展，为中小企业和个体解决部分融资问题，拓宽融资渠道。同时，白皮书阐述了政府的六大政策目标以及十项总体原则。金融服务行业的六大政策目标如下：

一是培育积极的金融服务创新和创业。政府在创新和创业方面投入了大量资源，金融科技本身代表的就是创新和高技术，能够创造高收入就业岗位，帮助解决国家的贫困问题。

二是推广安全、实惠和公平的资金触达。帮助小企业解决融资困难问题，让小企业和个体对自身财务有更大的掌控权。尽管在2008年金融危机之后，小企业的贷款规模有所上升，但是银行在面对小企业贷款时门槛依旧较高，对小企业贷款的发放犹豫不决。政府意识到金融科技发展为小企业提供了更多的融资渠道，同时也要确保给予适当的保护。

三是增强美国国内和海外的普惠金融和财务健康水平。金融科技发展带来的技术创新不仅能够降低跨境汇款成本，还可以增加汇款可靠性、安全性和透明度，有效防止非法资金跨境流动。

四是应对金融稳定性风险。新型、未经过测试的技术的使用以及现有技术在新环境和场景中的使用会带来新的风险。要防范此类型的风险，需要监管机构、政策制定者和相关企业互相合作，在合作中缓冲和防范此类型的风险，坚定地维护金融稳定性。

五是深化21世纪金融监管框架。在了解金融科技发展带来的效益和风险基础上，金融科技政策制定者和监管者要积极和金融科技创新者近距离接触，三方要加强沟通与合作，依靠数据驱动的分析获得工作反馈。

六是保持国家竞争力。以对消费者的保护、安全和稳健为先，同时引领创新。帮助美国金融科技公司产品的服务和出口，推动跨境合作和提供良好的投资环境。

（2）功能性监管

美国拥有大量的人才资源和环境优势，形成了以技术创新为主要驱动力的金融科技生态。针对这样的金融科技生态特点，美国采用的是功能性监管，即不管金融科技的形态，抓住金融科技中金融的本质，将金融科技所涉及的业务按照相应功能纳入当前金融监管体系之下。如 Lending Club 的 P2P 业务，由于过程中涉及资产证券化，因此该业务部分过程属于美国证券交易委员会（SEC）监管。采用功能性监管的有效性取决于现有金融监管体系的发展程度。美国的金融发展历史悠久，百年来经历过多次金融危机的洗礼，金融监管法规和体系相对成熟，并且对于当前金融监管法规没有覆盖到的金融科技新领域，政府也能够及时调整立法应对。

为了适应金融的迅速发展，美国在法律上也做出了相应的修改和完善，例如，在 2012 年，时任美国总统奥巴马签署了《创业企业融资法案》

（*Jumpstart Our Business Startups Act*），就是为了适应金融科技的迅速发展，促进股权众筹和创业投资类项目的发展，是对美国金融监管体系在股权众筹等方面的有益补充。

（3）支持负责任的创新

2015 年 8 月，美国货币监理署（Comptroller of the Currency，OCC）宣布开始研究一系列框架帮助理解金融服务领域的创新、风险以及消费者需求。2016 年 3 月 31 日，作为美国全国性持牌银行和联邦储蓄协会的监管方，OCC 正式发布了《货币监理署：支持联邦银行系统负责任的创新》白皮书。白皮书中的“负责任的创新”指的是“创新或改良金融产品、服务和流程，以符合成熟风险管理以及银行整体商业战略的方式，满足消费者、企业和社区不断变化的需求”。该白皮书指出，银行和非银行机构可以通过“富有战略性和审慎”的合作实现双赢。具体而言，非银行机构可以通过银行拓宽融资渠道并且获得大量的用户基础，而银行机构可以通过非银行机构获得技术创新和进步。

《货币监理署：支持联邦银行系统负责任的创新》白皮书对金融创新的评估框架有 8 条原则，其中针对金融科技公司的原则有 4 条，分别是支持负责任的创新、鼓励普惠金融创新、通过有效风险管理保证安全运营以及鼓励银行将负责任的创新纳入战略规划中；另外 4 条则是针对货币监理署，分别是培育支持负责任创新的内部文化、发挥自身经验和特长、不断推进行业内的对话以及加强同其他监管方的沟通与合作。

（4）无异议函

为了降低金融创新产品和服务推出来自监管层的政策风险，美国金融消费者权益保护局（Consumer Financial Protection Bureau，CFPB）发布了《CF-PB 创新细则》来促进对消费者有利的创新。这份文件包括了《无异议函细则》，无异议函的申请人需要提供其产品与服务的相关说明（包括但不仅限于以下内容）：一是能为消费者提供有别于市场上现有产品的便利；二是对消费者造成的有别于现有市场商品的潜在风险；三是能够为消费者提供降低风险和减少成本的保障措施；四是能够让消费者充分了解相关成本、风险、价值和特征。无异议函是针对金融产品和服务的一种事前许可，并不针对已经正式推出的产品以及没有具体推行时间、仅停留在设想阶段的金融产品和服务。

（5）分业监管

网络借贷。2016 年5 月 10 日，美国财政部发布了《网贷的机遇与挑战》（*Opportunities and Challenges in Online Marketplace Lending*）白皮书。白皮书对网贷的定义、模式、产品类型、模式、网贷与金融机构的合作以及网贷平台的优缺点进行了阐述。一方面，白皮书描述了网络借贷带来的好处，如拓宽了社会融资渠道；另一方面，白皮书也表达了对网络借贷的质疑，如当网络信贷中借款人的信用状况恶化时，网贷平台的风险会大大增加。

虚拟货币。2014 年 3 月 25 日，美国国税局发布了 2014—21 一般税收细则，该细则认为可以代替真正的货币进行交易的虚拟货币被视为一种财产，应当被征税，但这取决于交易发生的具体情况。当使用虚拟货币进行实物交易时，则会被征收营业税，而使用虚拟货币进行无形资产的交易时，收到可转换的虚拟货币不会被征收营业税。2015 年，纽约州金融服务管理局推出“虚拟货币活动商业许可证”的监管政策，凡是进行以下商业活动则认定为虚拟货币商业活动：进行虚拟货币转账（除非转账的目的是用于非金融用途，并且转账金额不多于一个虚拟货币的面额）；存储、控制或扣留他人的虚拟货币；以买卖虚拟货币获利；控制、管理或发行虚拟货币。但是，制造或传播与虚拟货币有关的软件本身以及只是利用虚拟货币买卖商品、服务或者投资则不包含在虚拟货币商业活动的定义中。此监管政策2015年8月8日正式生效，在2015年9月，创业公司Circle成了首个拿到比特许可（一种牌照）的公司。

数字化投资顾问。2016年3月，美国金融业监管局（Financial Industry Regulatory Authority，FINRA）发布了《对数字化投顾使用的指导意见》（*Report on Digital Investment Advice*），文件中的数字化投顾指在投资管理服务中包含其中以下至少一项功能的软件：客户档案创建、资产配置、交易执行、投资组合选择、投资损失避税、投资组合分析和投资组合重设。这类软件的使用者可以分为金融从业者和普通客户两种。尽管这份指导意见不是正式的法规，但是对于数字化投顾的发展具有一定的前瞻性引导作用。出台该指导意见的主要目的是希望证券从业者遵循合规的要求，不仅仅只依靠工具，要结合必要的专业知识，同时根据客户的需求做出合理的投资建议。

总而言之，当前美国对金融科技出台的针对性监管文件的监管机构数量还不是很多，而且大部分监管机构出台的监管政策停留在框架指引上，细则较少。监管当局对金融科技业务还处于观望状态。为了避免打击金融科技创业者们的创新和激情，大部分监管当局对金融科技采取的是柔性监管理念。

2. 英国

作为老牌的金融大国，英国把科技金融作为当前金融发展的重要目标，在金融创新和金融监管方面形成了自己的一套体系，主要包括双峰式监管、

“项目革新”计划、监管沙盒和监管科技。

（1）双峰式监管

金融危机爆发前，英国采取综合金融监管，三部门形成三足鼎立的局势。其中，英格兰银行（Bank of England）主要负责实施货币政策，同时关注整体金融稳定；金融服务监管局（Financial Service Authority）负责对银行、证券、保险等金融机构统一实施微观审慎监管，并对金融行业行为和金融市场实施监管；英国财政部（HM Treasury）负责金融监管总体框架设计和相关立法。

金融危机爆发后，三方监管缺陷显现。监管部门相对独立导致沟通乏力，面对系统性风险难以及时调整和应对；缺少宏观审慎监管与统一，经济周期下行调控不足，跨领域协同监管困难。故英国金融监管体制进行了重大改革，其中机构调整主要为：在英格兰银行董事会下设金融政策委员会（Financial Policy Commission），负责制定宏观审慎政策，定义、监测和应对系统性金融风险，维护英国金融体系稳定；拆分金融服务局的职能为审慎监管局（Prudential Regulation Authority，PRA）和金融行为监管局（Financial Conduct Authority，FCA）。PRA 作为英格兰银行的下属机构，负责对银行、保险公司、投资机构（包括证券投资公司、信托基金）等主要金融机构实施微观审慎监管。FCA 作为独立机构，主要负责其余金融机构监管以及金融市场的行为监管，促进市场竞争和保护消费者权益。

改革之后，英格兰银行成为监管主导机构，而具体执行监管任务由审慎监管局和金融行为监管局负责，对于主要金融机构则面临审慎和行为两方面的监管，其余金融机构则单独由 FCA 监管。此种模式即所谓的“双峰式监管”。

在监管方式和监管原则方面，英国采取主动型监管模式，以国家或地区政府与监管部门主导金融科技行业发展，通过政策扶持和激励提供金融科技创新发展动力，对创新给予一定的容错空间。

一方面，根据业务属性，基于现有金融监管框架实施归口监管：如英国将 P2P 借贷界定为金融中介机构，要求平台在相关的部门进行登记，符合相应的准入门槛，接受相应监管。其中，FCA 在 2014 年 3 月出台了《关于互联网众筹及通过其他媒介发行不易变现证券的监管方法》，将纳入监管的众筹分为借贷型（即 P2P 借贷）和股权投资型两类，并制定了不同的监管标准，要求 P2P 借贷平台和股权众筹平台获得 FCA 授权。

另一方面，依靠行业自律，根据金融科技发展动态及时调整和完善监管：以 P2P 网络借贷为例，英国的 Zopa、Rate Setter 和 Funding Circle 三大 P2P 借贷平台在 2011 年自行组织成立了全球第一个 P2P 行业协会，并先后制定了成员平台履行的具体义务和 10 项《P2P 金融运营原则》，规范和促进了英国 P2P 行业的持续稳健发展。随着 P2P 行业的发展，FCA 在《消费者信贷法》和行业协会自律规则的基础上，于 2013 年 10 月发布《关于众筹及类似行为的监管方法》的监管征求意见报告，2014 年 3 月正式对外发布《关于互联网众筹及通过其他媒介发行不易变现证券的监管方法》，并开始对 P2P 网络借贷实施专业的金融监管。

（2）“项目革新”计划

为了解决企业不熟悉金融监管规则，不知道如何获得相关业务的准入许可，FCA 于 2014 年 10 月退出了“项目革新”计划，旨在帮助企业创新而非保护消费者。该计划主要包括两个阶段的任务：一是建立金融科技创新企业孵化器，帮助初创企业获得 FCA 的许可；二是利用创新中心的专家团队，对企业发展提出合规的建议，帮助企业了解自身应承担的责任。截至 2015 年 11 月，创新中心已经帮助 175 家创新企业。在第一年之后的 8 个月，这一数字增加至近 300 家。

（3）监管沙盒

为了减少企业理解和执行金融监管政策的合规成本，FCA 于 2016 年 5 月正式启动“监管沙盒”项目，即允许企业在可控的测试环境中对金融科技的新产品或新服务进行真实或虚拟测试。该模式在限定的范围内，简化市场准入标准和流程，豁免部分法规的适用，在确保消费者权益的前提下，允许新业务的快速落地运营，并可根据其在沙盒内的测试情况准予推广。

该项目具有如下特点：第一，无论是受监管还是不受监管的机构，都可申请进入监管沙盒，极大地扩大了金融创新出现的领域范畴；第二，申请者将就其提交的创新产品或服务得到监管部门个性化的建议或指引；第三，测试环境中将设置包括消费者保护等内容在内的一些基本监管要求；第四，测试过程中，监管者运用相适应的监管工具和手段，消费者仍拥有其他合法权利，如向企业投诉、寻求金融申诉服务、若企业倒闭可根据金融服务补偿计划获得补偿。

监管沙盒含有大量的企业和消费者数据，可以充分反映市场情况，企业可以根据监管沙盒的数据对产品进行有针对性的完善，可以大大减少金融产品和服务等投放市场的时间。监管沙盒的测试时间一般为 3 ~ 6 个月。FCA 主要从 5 个方面判断企业金融科技企业是否适用监管沙盒进行测试：一是企业创新产品或服务是否支持金融服务业发展；二是产品或者服务的创新程度是否显著；三是创新为消费者创造的价值大小；四是沙盒测试的目标是否明确；五是企业的创新和合规意愿是否强烈。FCA保有关闭测试的权利。在企业获得测试资格后，企业需要提供测试时间表、确保测试成功的措施、测试要素、消费者保护和风险评估措施以及相应的退出计划。

（4）监管科技

FCA鼓励金融机构创新科技手段以降低合规成本，即发展监管科技。促进监管科技发展主要包括以下4个方面：第一，鼓励、培育和资助科技金融和金融服务公司利用新技术加速达到监管要求。如云平台和云技术为金融科技企业和监管机构提供了更加灵活、成本更低的选择。第二，采用实时、系统嵌入式合规、风险评估工具等创新技术对金融犯罪风险、反洗钱、客户分析和行为风险进行监测，提高金融服务企业的运营效率与效益。第三，利用大数据技术和软件集成工具降低企业合规成本。大数据技术可简化数据收集整理过程，将现有会计和合规的软件接入监管报告系统可减少人工数据输入，降低企业向监管机构提供数据的成本，提高监管报告的准确性。第四，利用可视化自动回复工具为金融科技企业提供更有效、更高效、更便利的监管建议和指导，帮助企业更好地了解监管法规和合规责任。

3. 新加坡

2018年3月26日，第23期“全球金融中心指数”（Global Financial Centers Index，GFCI）报告在中国青岛金家岭金融区发布，新加坡金融中心排名全球第4。近年来，新加坡政府顺应金融科技发展浪潮，积极制定金融科技政策，推动金融科技迅速发展。在对金融科技发展的监管方面，新加坡主要采取设立独立的监管机构、监管沙盒和国际监管合作等方式。

（1）独立的监管机构

为了推进金融科技的发展，新加坡政府于 2015 年 8 月在新加坡金融监管局（Monetary Authority of Singapore，MAS）设立了金融科技和创新团队（FinTech & Innovation Group，FTIG），并在 FTIG 内部建立支付与技术方案、技术基础建设和技术创新实验室 3 个办公室，投入 2.25 亿新加坡元推动《金融领域科技和创新计划》，鼓励全球金融业在新加坡设立创新和研发中心，支持金融科技项目的发开与应用。

2016 年 5 月，新加坡创新机构（SG – Innovate）和 MAS 联合设立金融科技署（FinTech Office）管理金融科技业务，并为创新企业提供一站式服务。其中，SG – Innovate 是新加坡国立研究基金会（The National Research Foundation，NRF）的下属公司，这一机构旨在帮助企业开展技术创新，并支持创新成果的商业化和规模化。时任新加坡副总理兼经济与社会政策统筹部长尚达曼指出："新加坡创新机构并非一个共用工作空间，也不是专门的技术实验室，其角色类似策展人，把专注技术创新的企业汇聚在一起，实现有效互动。新加坡创新机构会在未来几年发挥领头羊作用，先行先试，与企业家紧密合作，帮助初创企业开发出具备世界领先水平的解决方案。"

（2）监管沙盒

由于科技创新不确定性因素的影响，一项特定的金融技术创新方案是否符合监管要求以及是否存在不可测的风险都是未知的，这些都有可能导致创新计划破灭。2016 年 6 月 6 日，MAS 出台了《金融科技监管沙盒指南（征求意见稿）》，鼓励金融机构和非金融企业通过 MAS 沙盒监管测试，进一步推广其技术创新方案。MAS 副主管 Ms Jacqueline Loh 指出，MAS 致力于提供一个负责任和具有前瞻性的监管方法，推动金融科技的发展繁荣，沙盒监管旨在帮助减少监管摩擦，为创新计划的实践提供一个更安全的环境。

MAS 沙盒监管的具体流程包括申请、评价与测试 3 个阶段。

申请阶段，申请者应先向 MAS 提交一份申请表进行预申请，然后与 MAS 取得联系详细说明相关问题，MAS 对申请内容和相关材料的完整性和可行性进行审核，并于 21 个工作日内通知申请者是否有进入沙盒测试的潜在合适性。

评价阶段，由于监管方法是建立在实验的基础上，申请者可以与 MAS 协商后做出细微调整，然后再进一步进行沙盒监管操作，如果申请事项不符合沙盒监管的评价标准的原则和目的，MAS 应通知申请者拒绝进入沙盒并告知该申请者理由，被拒绝的企业待符合评价标准后仍可以再行申请沙盒监管。

测试阶段，批准进入沙盒进行测试的企业，应当明确告知客户该项目是正在进行沙盒测试的项目，向客户披露潜在的金融服务风险，并保证客户知悉，申请者在沙盒测试期间可以对测试计划提出实质性改变，但必须提前一个月向 MAS 递交申请，并提供具体的改变方案和原因，待 MAS 批准后可继续进行测试，MAS 可根据情况适当延长测试时间。测试成功后，企业可以在新加坡范围内获得更大规模的推广①。

申请人想要进入沙盒，必须满足一定的评估标准。首先，需要界定该申请项目的创新程度，MAS 的判定标准是“填补空白”，即申请项目要与新加

① 伦贝，柴瑞娟．英国和新加坡的沙箱监管对我国金融监管体制创新的启示［J］．海南金融，2017（10）：42－48.

坡范围内的现有产品和服务不同。其次，申请人需要在进入沙盒之前对该申请项目的可行性做尽职调查，同时包括针对其所制定的问题解决方案、明确规定的监管边界、沙盒测试情况和结果的熟知程度、可预见风险的评估与缓解，该方案能否给消费者和企业自身带来实实在在的益处，申请者在新加坡广泛范围内实施该方案的意向和能力，创新计划终止后的退出机制①。

（3）国际监管合作

2016 年 9 月，MAS 在与瑞士国际金融秘书处（State Secretariat for International Financial Matters）的第二次谈话会议中宣布将与瑞士金融市场监管局（Swiss Financial Market Supervisory Authority）达成一系列双边合作协议。双方监管机构将为金融科技行业创造更多的商业发展和交流机会。

4. 澳大利亚

近年来，澳大利亚金融科技发展迅速，澳大利亚监管机构证券投资委员会（ASIC）一直以积极沟通的态度扶持澳大利亚国内金融科技公司的发展，在对金融科技公司的监管方面，主要采取监管沙盒和 257 号监管指南等形式。

（1）监管沙盒

2015 年 4 月，ASIC 成立了沙盒型创新中心，帮助金融科技初创企业完成合规性工作。通过该创新中心，金融科技公司可以模拟测试自身商业模式的合规性，直接接触 ASIC 的高层官员，并可获得证照申请、项目申报流程

① MAS FinTech Regulatory Sandbox [EB/OL]. http://www.mas.gov.sg/Search q = sandbox./2016.

上的便利。2016 年 11 月，澳大利亚议会颁布全新法案，希望以此来改善众筹行业投资环境。这项澳洲法案承认“众筹”为一种新兴的筹资方式。企业家可以通过这种方式从众多的投资商中筹得资金。发行投资项目的企业必须是澳洲企业，在发行投资项目当时的总资产须少于 2500 万澳大利亚元，年收益也须少于 2500 万澳大利亚元。法案对于所有投资者都有一定的保护措施，对于散户投资者来说还有一些额外的保护措施。在 12 个月的时间内，散户投资者在每个平台每个项目上的投资总额不得超过 1 万美元，同时他们可享有 48 小时的冷却期，在此期间，他们可以撤销投资。

（2）257 号监管指南

澳大利亚的金融科技行业正在快速发展，是金融科技的后起之秀。2016 年，该国金融科技企业获得的风险投资总额为 9100 万美元，代表性企业包括 Prospa、Tyro 和 Society One 等企业。2016 年 12 月，ASIC 推出了 257 号监管指南——《在不持有 AFS 或者信贷许可证的情况下测试金融科技产品和服务》（*Testing FinTech products and services without holding an AFS or credit licence*），其中 AFS 许可证是指澳大利亚金融服务许可证，该监管指南界定了可通过金融科技许可证豁免的情况和条件，主要包括提供金融服务金额以及服务对象数量的限制。例如，各零售客户持有的与所提供的测试服务相关的存款产品、简单管理投资计划、证券和支付产品的金额不得超过 1 万美元；与所提供的测试服务相关的信贷合约的信贷额不得超过 25000 美元；与所提供的测试服务相关的一般保险合约所承保的金额不得超过 5 万美元等。

（三）小结

总体而言，相关国家和地区对金融科技监管的特征总结为：一是按照金融业务属性，根据业务实质适用相应的监管规则。二是建立内部机制，加强跟踪研究和风险评估。三是探索完善监管方式。虽然大多数国家或地区尚未考虑（也认为暂不需要）针对金融科技建立专门的监管安排，但已有部分国家或地区开始探索在现行法律框架下，根据金融科技的特点，适度调整完善监管方式，如建立监管沙盒、创新指导窗口和创新加速器，主要目的是加强监管当局与金融科技企业的沟通交流，提早介入了解金融科技业务模式并进行政策辅导。

第2章

第三方支付

我国已成为全球最大的移动支付市场。2017年以来，我国支付业务量保持稳定增长，其中支付宝、微信、银联三家，占据市场份额最大。中国人民银行公布的数据显示，2018年第一季度，非银行支付机构处理网络支付[①]1101.91亿笔，金额51.13万亿元，同比分别增长124%和93.15%。

鉴于我国支付宝和财付通的市场份额已经超过92%，市场竞争已进入寡头垄断阶段。

① 非银行支付机构处理网络支付业务量包含支付机构发起的涉及银行账户的网络支付业务量，以及支付账户的网络支付业务量，但不包含红包类娱乐性产品业务量。

“严监管”也成为支付市场运行的主线。2017 年，217 号、281 号、296 号文件相继发布，央行对第三方支付机构的罚单不断，专门成立了网联平台等，以防范支付行业的各项违规行为。

本书将系统阐述支付行业运行情况、监管政策、风险事件，并介绍支付行业的最新交易规模数据与资本市场融资情况。

一、概述

巴塞尔委员会将金融科技分为支付结算、存贷款与资本筹集、投资管理、市场设施 4 类。银监会业务创新监管协作部主任李文红、综合处处长蒋则沈在《金融监管研究》一文中将支付结算定义为：“主要包括面向个人客户的小额零售类支付服务（如 Paypal、支付宝等）和针对机构客户的大额批发类支付服务（如跨境支付、外汇兑换等）。”

本书将其界定为：持牌机构面向个人客户和机构客户，依托互联网以及人工智能、区块链、云计算、大数据等技术提供的资金转移服务。

持牌机构指央行颁发《支付业务许可证》（以下简称“支付牌照”）的第三方支付机构。

在国内，进行支付业务时，需要获得央行颁发的《支付业务许可证》。截至 2018 年 6 月 30 日，央行已经为 271 家第三方支付机构颁发过支付牌照，因 28 家已经注销支付牌照，持牌机构数缩减至 243 家。

表 2－1 支付牌照发放时间和数量信息一览

发放时间	发放支付牌照数量（个）
2011 年	101
2012 年	96
2013 年	53
2014 年	19
2015 年	2

数据来源：零壹智库。

整体来看，243 家第三方支付机构形成 3 个梯队：支付宝和财付通的市场份额合计占比超过 92%，组成第一梯队；包括拉卡拉支付、苏宁支付、易宝支付、快钱、京东支付、连连支付、联动优势和壹钱包在内的支付机构，占比仅个位数，组成第二梯队；剩下 200 余家第三方支付机构市场交易额占比可忽略不计，且多数处于无业务状态，组成第三梯队。

二、第三方支付体系参与者

（一）新参与者——网联

“网联平台”的全称为非银行支付机构网络支付清算平台，由人民银行牵头，于 2017 年 6 月 30 日正式上线运行。网联成立后，第三方支付的模式明显发生了变化。

网联成立之前，多数第三方支付机构都是直接对接银行接口，绕过了独立的清算机构，这种模式存在一定的风险漏洞。公开信息显示，支付机构在线上 90%

的业务已经不走银联通道，直连银行，并且不少支付机构都自建平台系统。

网联的成立在一定程度上能够纠正第三方支付机构违规从事跨行清算业务，改变支付机构与银行多头连接开展业务的问题。也就是说，第三方支付机构的线上支付通道，不需要也不能再直接对接银行，而是通过网联平台直接与各家银行对接。

1. 网联与银联业务或有重叠

网联又称“网络版银联”，用以处理由非银行支付机构发起的、与银行交互的支付业务，按照“共建、共有、共享”原则共同发起筹建。它仅是一个清算平台，并不直接开展支付业务。

银联也是国内一家清算组织结构，银行间跨行的资金清算全部都要通过它来实现，其本质上是协议组织。它的基础性作用是建设和运营银行卡跨行交易清算系统，推广统一的银行卡标准规范，提供高效的跨行信息交换、清算数据处理、风险防范等基础服务，联合商业银行建设银行卡自主品牌等。

第三方支付机构的业务既有线上又有线下。银联虽然主攻线下（银联商务），但也做线上业务（银联在线支付）。随着移动支付的发展，线上线下的界限正变得越来越模糊。网联或具备和银联同样的业务模式和空间，成为它的竞争对手。

2. 对第三方支付机构的影响

网联成立的目的是切断第三方支付机构直连银行的清算模式，解决备付金集中管理难题，理论上第三方支付机构将不再享有对沉淀资金的支配和收益。

对支付宝和财付通而言，最重要的就是与银行的对接渠道，代表着第三方支付机构的市场竞争力，对接的银行数量越多，可覆盖的用户越多。而网联下发之后，与银行的对接渠道就不会再直接经过第三方支付机构。

通常来讲，小型支付机构普遍面临的一个问题就是通道不全，难以对用户形成有效的吸引力。接入网联，对中小型第三方支付机构来说，可能会提升自身竞争力，既减少了对接不同银行的费用支出，也提升了风险防范能力。

（二） 第三方支付机构

根据央行官网信息，国内支付机构的子牌照共有 7 个，分别是互联网支付、银行卡收单、移动电话支付、数字电视支付、固定电话支付、预付卡发行以及预付卡受理。

据本书独家统计，243 家支付机构共有 535 张支付子牌照。其中，预付卡受理子牌照最多为 155 张，占比 29%；数字电视支付仅有 6 张，占比 1%。

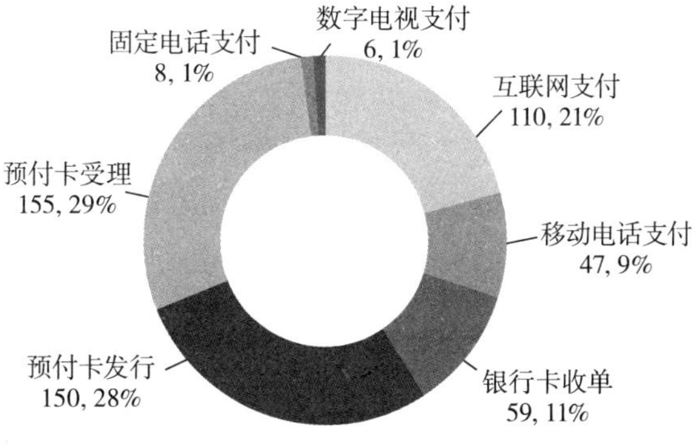

图 2－1　支付子牌照分布情况

资料来源：零壹智库。

有两张子牌照的支付机构共有 129 家，占比超过 53%；仅有一张子牌照的支付机构有 51 家，占比约为 21%。

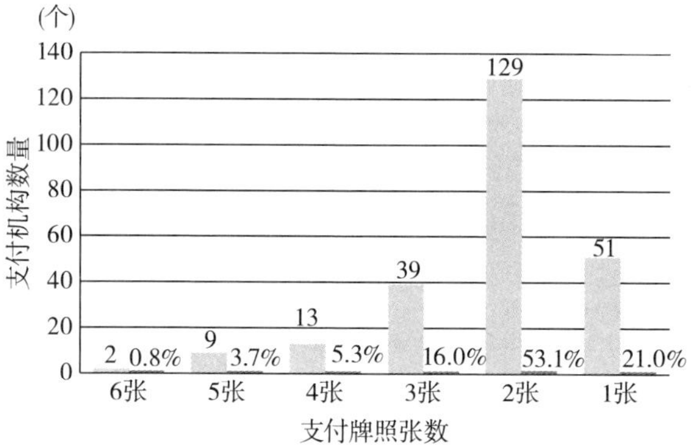

图 2-2　支付机构子牌照分布情况

数据来源：零壹智库。

据本书统计，全国 243 家支付机构主要分布在北京、上海、广州、深圳四大城市，共有子牌照 230 张，占总子牌照（535 张）近 43%，其他省市共有 305 张子牌照。

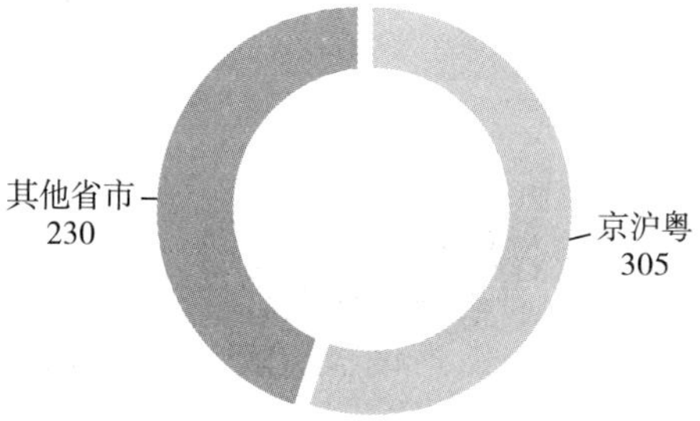

图 2-3　支付牌照地域分布情况

资料来源：零壹智库。

北京的子牌照数量最多，达 127 张，占比 23.7%。同时，宁夏、青海、西藏 3 个省市均没有支付牌照。

表2-2　支付牌照数量前三和后三名省市分布

排名	省市名称	牌照数量	占比（%）	网络支付	占比（%）	预付卡	占比（%）
前三甲	北京	127	23.7	47	29.9	61	20.0
	上海	114	21.3	36	22.9	57	18.7
	广东	64	12.0	30	19.1	15	4.9
后三名	宁夏	0	0	0	0	0	0
	青海	0	0	0	0	0	0
	西藏	0	0	0	0	0	0

数据来源：零壹智库。

目前来看，第三方支付行业的发展主要呈现出以下特点：

（1）交易规模稳定增长，增速开始放缓。根据艾瑞咨询数据统计，2016年、2017年中国第三方支付综合支付交易规模分别为107.3万亿元和160.4万亿元，同比增长率分别为105.2%和49.5%。预计未来3年交易规模稳定增长，但随着用户和资本对行业推动的边际效应递减，增长率会逐步放缓。

（2）“马太效应”明显。目前，支付宝和财付通的市场份额合计超过90%，同时二者也积极布局B端市场和境外支付领域，整个第三方支付行业未来可能产生强者越强、弱者越弱的“马太效应”。

三、资本市场

（一）上市

近两年，多家支付公司希望在资本市场上谋得一席之地，如拉支付和漫道金服（旗下拥有宝付），但目前均未完成上市。不过这两家冲刺的都是A

股。其中，拉卡拉在借壳失败后瞄准的是深交所创业板，而漫道金服则在2018年1月17日更新了招股书，拟赴上交所IPO。

表2-3 拉卡拉、宝付的拟上市情况

支付机构	成立时间	拟IPO交易所	核心业务	IPO前融资情况
拉卡拉	2005年1月	深交所	银行卡收单	2015年6月，拉卡拉融资15亿元人民币，估值超过百亿
宝付支付	2011年1月	上交所	代收、代付	2015年7月，宝付获得东方财富2.5亿元战略投资

数据来源：零壹智库。

拉卡拉是一家综合普惠金融科技平台，拥有央行颁发的全牌照，且已经入股网联。但拉卡拉的上市之路却一波三折，2017年9月7日，证监会中止其IPO，原因是申请文件不齐备等导致审核程序无法继续。

宝付母公司漫道金服公布的招股书显示，其已经实现4年盈利，且宝付已经入股网联。宝付之前曾存在多项违规，如擅自进行监事会主席、首席技术官、风控负责人的变更；在拓展网络特约商户时，未有效落实特约商户实名制管理等。

汇付天下是国内第一批获得支付牌照的独立第三方支付机构之一。其招股书公布，就2017年所处理的支付交易量而言，汇付天下在中国独立第三方支付服务商中排名第3，占7.7%的市场份额，在中国所有第三方支付服务商中则排名第7，占2%的市场份额。

2018年3月13日，汇付天下向香港联交所递交招股书申请上市，并于6月15日正式上市，拉开了中国大陆支付机构进入资本市场的序幕。

招股书披露的信息显示，2015年、2016年、2017年汇付天下处理的交易量分别为4486亿元、6419亿元、11400亿元，同期营业收入分别为5.557亿元、10.948亿元、17.263亿元，净利润分别为-760万元、1.187亿元、1.328亿元。

表2-4　汇付天下融资情况

时间	融资金额	轮次	投资方
2010年12月	—	A	—
2011年9月	900万美元	B	斯道资本（富达亚洲）、华登国际投资、凯旋创投
2018年6月	—	IPO	香港联交所

数据来源：零壹智库。

（二）并购及其他

据本书不完全统计，2017年，国内发生7起支付机构被并购事件，如滴滴出行以3亿元全资收购一九付；国美控股以7.2亿元全资收购银盈通等。

表2-5　2017年第三方支付机构交易并购一览

时间	收购公司	被收购公司	收购价格	所占股份	支付牌照业务类型
2017年6月	易建科技	国付宝	10.6亿元	70%	互联网支付、移动电话支付，在续展时增加预付卡发行与受理（海南省、陕西省、云南省、湖南省、北京市）

续表

时间	收购公司	被收购公司	收购价格	所占股份	支付牌照业务类型
2017年6月	国美控股	银盈通	7.2亿元	100%	互联网支付（全国）、预付卡发行与受理（仅限北京市、山西省、云南省、贵州省）
2017年7月	周大福	华瑞福达	—	100%	预付卡发行与受理（北京市）
2017年7月	赫美集团	山西易联支付	仅1.3亿元	81%	银行卡收单（仅限山西省）
2017年11月	新国都	嘉联支付	7.1亿元	100%	银行卡收单（全国）
2017年12月	滴滴出行	一九付	3亿元	100%	互联网支付（全国）
2017年12月	新力金融	海科融通	23.79亿元	100%	银行卡收单（全国）

数据来源：零壹智库。

四、监管

2017年，对于第三方支付机构来说，是一个强监管元年。从2017年初至年末，央行自上而下，对支付机构、条码支付的监管都进一步收紧。

表2-6　2017年央行颁发的重点监管文件（部分）

时间	文件名称	文件内容
2017年1月13日	《关于实施支付机构客户备付金集中存管有关事项的通知》（10号文）	明确规定将第三方支付机构客户备付金集中存管，第三方支付机构在交易过程中产生的客户备付金，今后将统一交存至指定账户，由央行监管，支付机构不得挪用、占用客户备付金

续表

时间	文件名称	文件内容
2017 年 8 月 4 日	《中国人民银行支付结算司关于将非银行支付机构网络支付业务由直连模式迁移至网联平台处理的通知》（209 号文）	2018 年 6 月 30 日起，支付机构受理的设计银行账户的网络支付业务全部通过网联平台处理。各银行和支付机构应于 2017 年 10 月 15 日前完成接入网联平台和业务迁移相关准备工作
2017 年 11 月 13 日	《关于进一步加强无证经营支付业务整治工作的通知》（217 号文）	严格整治无证机构，并加大处罚力度。整治范围包括银行业金融机构、非银行支付机构以及中国银联、农信银资金清算中心、城商行清算中心、同城清算系统运营机构、小额支付系统集中代收付中心运营机构
2017 年 12 月 25 日	《关于印发〈条码支付业务规范（试行）〉的通知》（296 号文）	银行、支付机构与外包服务机构开展条码支付业务合作的，还应明确外包服务机构定位，加强管理，防范业务风险。对于使用动态条码进行支付的风险防范能力进行分级，对个人客户的条码支付业务进行限额管理
2017 年 12 月 29 日	《关于调整支付机构客户备付金集中交存比例的通知》（248 号文）	2018 年起支付机构客户备付金集中交存比例将由现行 20% 左右提高至 50% 左右。具体执行方式为：2018 年 1 月仍执行现行集中交存比例 20%，2—4 月按每月 10% 逐月提高，截至 2018 年 4 月才将集中交存比例调整到 50% 左右

数据来源：零壹智库。

2017 年，数条针对支付机构的重磅监管文件落地，如断直连、备付金集中存管、大额罚单与吊销牌照等，这些都为支付行业的合规发展创造了新的环境。

（一）“断直连”

所谓直连，即支付机构与银行直接连接进行清算等业务。由于这一模式绕过合法的清算组织，形成交易数据“盲区”，监管层无法掌握具体交易数据和资金流向，易形成安全隐患。“断直连”则是以合法的清算平台为中介，一端对接持牌支付机构，另一端对接银行系统，有利于实现金融监管，这也是网联平台上线的目的——有利于监管。

事实上，在2017年初时，央行就发文要求，第三方支付机构必须断开与银行直连，接入合法清算组织——网联或银联，并要求2018年6月底前必须完成，这是“断直连”的大限。

网联的建设，意味着目前大量第三方支付机构直连银行的模式将被取代，成为独立于现有银行间支付清算机构的清算平台。

按规定，支付机构的线上支付通道今后将直接通过网联平台与各家银行对接。

不过，现有的支付机构直连银行的模式不会立刻被叫停。监管部门给予了支付机构一段相当长时间的缓冲期。

目前，“断直连”成为硬性要求。在《关于规范支付创新业务的通知》（281号文）中，央行重申银行、支付机构不得新增直连，存量业务要尽快迁移至合法的清算机构处理。

在最新的《条码支付业务规范（试行）》（296号文）中，央行亦有同样明确的要求，只是这一文件的生效日期是4月1日。相关人士表示：“业内共识明确，条码支付要走合规的转接清算，付款过程中必须解决银行卡跨行支付‘断直连’问题。”

（二）“备付金集中存管”

2017年1月13日，央行发布了《关于实施支付机构客户备付金集中存管有关事项的通知》（以下简称《通知》），明确规定支付机构客户备付金需集中存管，第三方支付机构在交易过程中产生的客户备付金，将统一交存至指定账户，由央行监管，支付机构不得挪用、占用客户备付金。存入指定机构专用存款账户的备付金暂不计付利息，此举将有效防止支付机构“吃利差”。

在此之前，客户备付金是众多支付机构的主要收入来源，它们利用资金沉淀赚取收益，被称为“躺着也能挣钱”。但客户备付金是支付机构预收其客户的待付货币资金，不是属于支付机构的自有财产。

从2014年开始，3家支付机构爆发了风险事件，如2014年8月，浙江易士企业管理服务有限公司发生挪用客户备付金事件，涉及资金5420.38万元；9月，广东益民旅游休闲服务有限公司“加油金”业务涉嫌非法吸收公众存款，造成资金风险敞口达6亿元；12月，上海畅购企业服务有限公司发生挪用客户备付金事件，造成资金风险敞口达7.8亿元，涉及持卡人5.14万人。

客户备付金乱象受到监管层的重视。据本书不完全统计，2017年6月30日—2018年6月30日，全国共有9家支付机构因违反客户备付金相关管理规定遭到处罚，累计罚款金额为35万元。

表2－7　2018年以来第三方支付行业的部分处罚事件

支付机构名称	处罚时间	处罚原因	处理结果
青岛百森通支付有限公司	2月8日	未按规定使用客户备付金	责令限期整改，处以罚款3万元

续表

支付机构名称	处罚时间	处罚原因	处理结果
浙江航天电子信息产业有限公司	2月24日	未按规定存放和使用客户备付金、未按规定保管相关资料	分别对这两项支付行为处以1万元、3万元罚款
杭州市民卡有限公司	2月24日	未按规定存放和使用客户备付金、未按规定保管相关资料	分别对这两项支付行为处以1万元、3万元罚款
商盟商务服务有限公司	2月24日	未按规定存放和使用客户备付金、存在损害客户合法权益的行为	分别对这两项支付行为处以3万元、3万元罚款
陕西邮政西邮寄电子支付有限责任公司	3月21日	违反备付金相关管理规定	罚款3万元
西安城市一卡通有限责任公司	3月21日	违规变更和违反备付金管理相关规定	罚款6万元
武汉城市一卡通有限公司	6月4日	违反支付机构客户备付金管理、预付卡管理规定	给予警告并罚款1万元
武汉市金源信企业服务信息系统有限公司	6月4日	违反支付机构客户备付金管理规定	罚款1万元
天津融宝支付网络有限公司	6月6日	违反《银行卡收单业务管理办法》《支付机构客户备付金存管办法》等相关规定	罚款7万元

数据来源：零壹智库。

央行曾指出，第三方支付客户备付金存在四大风险隐患。一是客户备付金存在被支付机构挪用的风险；二是一些支付机构违规占用客户备付金用于购买理财产品或其他高风险投资；三是支付机构通过在各商业银行开立的备付金账户办理跨行资金清算，超范围经营，变相行使央行或清算组织的跨行清算职能，甚至有支付机构借此便利为洗钱等犯罪活动提供通道，也增加了金融风险跨系统传导的隐患；四是客户备付金的分散存放，不利于支付机构统筹资金管理，存在流动性风险。

央行发布的《通知》称，自4月17日起，支付机构应将客户备付金按照一定比例交存至指定机构专用存款账户，首次交存的平均比例为20%左右。《通知》还显示，支付机构交存客户备付金执行以下比例，获得多项支付业务许可的支付机构，从高适用交存比例。其中，网络支付业务：12%（A类）、14%（B类）、16%（C类）、18%（D类）、20%（E类）；银行卡收单业务：10%（A类）、12%（B类）、14%（C类）、16%（D类）、18%（E类）；预付卡发行与受理：16%（A类）、18%（B类）、20%（C类）、22%（D类）、24%（E类）。

2017年12月29日，央行下发《关于调整支付机构客户备付金集中交存比例的通知》（248号文），规定从2018年起支付机构客户备付金集中交存比例将由现行20%左右提高至50%左右。具体执行方式为：2018年1月仍执行现行集中交存比例20%，2—4月按每月10%逐月提高，截至2018年4月才将集中交存比例调整到50%左右。

央行2018年5月18日更新的“货币当局资产负债表”数据显示，4月，支付机构交存央行客户备付金近5000亿元，环比增长近六成。这是继2018年前3个月规模分别达到1237.57亿元、2202.35亿元和3157.52亿元，第4个月突破又一个千亿关口。

（三）大额罚单与吊销牌照

据不完全统计，2017年6月30日至2018年6月30日，近百家支付机构遭到央行处罚，金额超过7200万元，包括央行上海分行开出的36张行政处罚信息公示，罚款总额超过2700万元。仅2018年上半年，30多家支付机构累计罚款金额就超过4500万元。

值得注意的是，近10家支付机构的罚款金额均超过百万元人民币。

其中，智付电子支付有限公司因存在为境外非法黄金交易提供支付服务等违法行为，央行累计罚没4200万元，成为2018年上半年以来收到罚款金额最多的一家支付机构。

此外，超过10家支付机构2017年间曾多次收到支付罚单，如随行付支付有限公司因违反支付相关规定遭罚，仅不到3个月的时间，累计被罚款5次，分别是2017年9月25日、10月30日、11月9日、11月14日、12月7日，罚款金额从1.5万元到6万元不等。

支付机构遭到央行处罚的原因主要分为以下几种：违反支付业务规定、违反银行卡收单业务管理规定、违反客户备付金相关管理规定、违反支付结算业务规定等。

表2－8　2018年上半年支付机构处罚信息统计表（部分）

支付机构名称	处罚时间	处罚原因	处理结果
重庆市钱宝科技服务有限公司	1月2日	违反有关反洗钱规定的行为	处以190万元罚款，对2名负责人分别处以2万元、3万元罚款
青岛百森通支付有限公司	2月8日	未按规定使用客户备付金	责令限期整改，处以3万元罚款

续表

支付机构名称	处罚时间	处罚原因	处理结果
中汇电子支付有限公司	2月11日	违反银行卡收单业务相关法律制度规定	责令限期改正，给予警告，并处5万元罚款
联动优势电子商务有限公司	2月11日	违反银行卡收单业务相关法律制度规定	责令限期改正，给予警告，并处以6万元罚款
中汇电子支付有限公司	2月14日	未按规定建立有关制度办法或风险管理措施、存在危害支付服务市场的违规行为	分别对这两项支付行为处以3万元、3万元罚款
拉卡拉支付有限公司	2月14日	未按规定建立有关制度办法或风险管理措施、存在危害支付服务市场的违规行为	分别对这两项支付行为处以1万元、3万元罚款
深圳瑞银信信息技术有限公司	2月22日	违反支付结算业务规定	罚款3万元
山东高速信联支付有限公司	2月23日	违反支付结算业务规定	警告，罚款7万元
浙江航天电子信息产业有限公司	2月24日	未按规定存放和使用客户备付金、未按规定保管相关资料	分别对这两项支付行为处以1万元、3万元罚款
杭州市民卡有限公司	2月24日	未按规定存放和使用客户备付金、未按规定保管相关资料	分别对这两项支付行为处以1万元、3万元罚款
商盟商务服务有限公司	2月24日	未按规定存放和使用客户备付金、存在损害客户合法权益的行为	分别对这两项支付行为处以3万元、3万元罚款
陕西邮政西邮寄电子支付有限责任公司	3月21日	违反备付金相关管理规定	罚款3万元

续表

支付机构名称	处罚时间	处罚原因	处理结果
西安城市一卡通有限责任公司	3月21日	违规变更和违反备付金管理相关规定	罚款6万元
双乾网络支付有限公司	3月29日	违反非金融机构支付服务管理办法	罚款4万元
江苏瑞祥商务有限公司	3月30日	违反非金融机构支付服务管理办法	罚款4万元
南京市市民卡有限公司	3月30日	违反非金融机构支付服务管理办法	罚款3万元
通联支付网络服务股份有限公司	4月3日	违反收单业务相关法律制度规定	责令限期改正，并处6万元罚款
辽宁新天数字科技有限公司	4月10日	未按规定变更注册资本和主要出资人	罚款3万元
通联支付网络服务股份有限公司	4月26日	违反变更登记信息	责令限期改正，并处3万元罚款
中汇电子支付有限公司	5月9日	违反《非金融机构支付服务管理办法》《银行卡收单业务管理办法》	责令限期整改，并处7万元罚款
智付电子支付有限公司	5月15日	为境外非法黄金交易提供支付服务等	累计罚没约4200万元
资和信电子支付有限公司	5月17日	违反支付结算管理规定	罚款6万元
易生支付有限公司	5月17日	违反支付结算管理规定	罚款9万元
迅付信息科技有限公司	5月17日	违反支付结算管理规定	罚款6万元
湖北蓝天星支付有限公司	6月4日	违反支付机构客户管理、预付卡管理规定	给予警告并罚款1万元

续表

支付机构名称	处罚时间	处罚原因	处理结果
供销中百支付有限公司	6月4日	违反支付机构客户管理、预付卡管理规定	给予警告并罚款1万元
武汉城市一卡通有限公司	6月4日	违反支付机构客户备付金管理、预付卡管理规定	给予警告并罚款1万元
武汉市金源信企业服务信息系统有限公司	6月4日	违反支付机构客户备付金管理规定	罚款1万元
北京畅捷通支付技术有限公司	6月4日	违反银行卡收单业务管理规定	给予警告
北京钱袋宝支付技术有限公司	6月4日	违反银行卡收单业务管理规定	给予警告
中付支付科技有限公司	6月4日	违反银行卡收单业务管理规定	给予警告并罚款10万元
易生支付有限公司	6月4日	未按规定建立并落实特约商户实名制；未按规定建立特约商户培训；未按规定建立受理终端管理制度；未按规定落实收单业务，本地化经营和管理责任等	累计罚款9万元
天津融宝支付网络有限公司	6月6日	违反《银行卡收单业务管理办法》《支付机构客户备付金存管办法》等相关规定	罚款7万元
易生支付有限公司	6月6日	违反《银行卡收单业务管理办法》《非银行支付机构网络支付业务管理办法》等相关规定	罚款6万元

续表

支付机构名称	处罚时间	处罚原因	处理结果
北京首采联合电子商务有限公司	6月20日	违反《非金融机构支付服务管理办法》相关规定	罚款5万元
裕福支付有限责任公司	6月20日	违反《非金融机构支付服务管理办法》相关规定	罚款1万元
安易联融电子商务有限公司	6月21日	违反《非金融机构支付服务管理办法》相关规定	罚款1万元
开联通支付服务有限公司	6月25日	违反《非金融机构支付服务管理办法》相关规定	罚款4万元

数据来源：零壹智库。

截至2018年6月30日，共28家支付机构被吊销支付牌照，仅2017年就有19家。支付机构失去支付牌照的原因主要分两部分：一部分是存在《中国人民银行关于〈支付业务许可证〉续展工作的通知》（银发〔2015〕358号）第六条规定的不予续展情形，另一部分则是在几批支付牌照续展过程中被要求合并支付业务。还有少数支付机构主动终止支付业务，注销支付牌照。

表2-9　被注销《支付业务许可证》的支付机构（部分）

注销时间	第三方支付及机构	业务类型及范围	备注
2017年6月6日	通联商务服务有限公司	预付卡发行与受理（上海市、北京市、江苏省、广东省、山西省）	合并
	杉德电子商务服务有限公司	互联网支付、移动电话 支付、银行卡收单（全国）	合并

续表

注销时间	第三方支付及机构	业务类型及范围	备注
2017 年 6 月 23 日	温州之民信息服务有限公司	预付卡发行与受理（浙江省）	合并
2017 年 6 月 26 日	普天银通支付有限公司	预付卡发行与受理（上海市）	存在《中国人民银行关于〈支付业务许可证〉续展工作的通知》（银发〔2015〕358 号）第六条规定的不予续展情形
	西安银信商通电子支付有限公司	预付卡发行与受理（陕西省）	同上
	北京交广科技发展有限公司	预付卡发行与受理（北京市）	同上
	北京中诚信和支付有限公司	预付卡发行与受理（北京市）	同上
	山西兰花商务支付有限公司	预付卡发行与受理（陕西省）	同上
	哈尔滨金联信支付科技有限公司	预付卡发行与受理（黑龙江省）	同上
	安徽瑞祥资讯服务有限公司	预付卡发行与受理（安徽省）	同上
	长沙商联电子商务有限公司	预付卡发行与受理（湖南省）	同上
	乐富支付有限公司	银行卡收单（全国）	同上
2018 年 1 月 5 日	湖南财信金通电子商务有限责任公司	预付卡发行与受理（湖南省）	不符合《非金融机构支付服务管理办法》（中国人民银行令〔2010〕第 2 号）等非银行支付机构监管制度规定
	上海千悦企业管理有限公司	预付卡发行与受理（上海市）	申请终止支付业务

续表

注销时间	第三方支付及机构	业务类型及范围	备注
2018 年 1 月 5 日	长沙星联商务服务有限公司	预付卡发行与受理（湖南省）	不符合《非金融机构支付服务管理办法》（中国人民银行令〔2010〕第 2 号）等非银行支付机构监管制度规定
	合肥新思维商业管理有限责任公司	预付卡发行与受理（安徽省）	申请支付业务并入江苏瑞祥商务有限公司，后注销《支付业务许可证》
	湖南财信金通电子商务有限责任公司	预付卡发行与受理（湖南省）	不符合《非金融机构支付服务管理办法》（中国人民银行令〔2010〕第 2 号）等非银行支付机构监管制度规定

数据来源：零壹智库。

（四）国外监管情况

世界上最早的第三方支付平台 PayPal 创立于 1998 年，是目前占全球市场份额最大的在线支付服务提供商。相对来说，国外对于支付机构的监管美国更具有代表性。

美国的第三方支付采取“双重”监管体制，由美国联邦和州政府实施监管。联邦政府从全国层面制定第三方支付宏观监管框架，具体的监管部门（美联储、国会、通货监理署、联邦存款保险等）制定和颁布第三方支付监管法律法规；各州政府则根据整体监管框架，结合辖内第三方支付发展现状及经济金融环境，制定监管细则并具体执行。

美国各州的货币转移服务法对于第三方支付的监管没有一致的规范，但是其思路却大同小异，即通过对支付运营商实行准入和主体监管的方式来规范支付运营商，提高准入门槛与保护消费者资金的安全是其主要的关注点。

表2-10　美国与中国第三方支付监管主要措施对比

国家	美国	中国
监管对象	货币服务商	非银行支付机构
牌照性质	是（大多数州）	是
主要法律	各州货币服务法（《统一货币服务示范法》）	《非金融机构支付服务管理法》《支付机构客户备付金存管办法》
业务范围	货币转移（网络支付、预付卡发行与受理、支票销售）、支票兑现、货币汇兑	网络支付、预付卡发行与受理、银行卡收单
资本/资产要求	各州规定不一样，《统一货币服务示范法》，净资产2.5万美元	在全国范围内开展支付业务，最低注册资本1亿元；在省（自治区、直辖市）范围内开展支付业务，最低注册资本3000万元

数据来源：零壹智库。

以PayPal为首的支付机构被政府严格监管为“资金转换服务提供商”，其不得提供类存款金融机构服务，不能吸收或者变相吸收公众存款，支付机构的自营资金账户和用户的资金账户必须严格分离，交易信息必须透明可查，支付机构不得占用用户的资金。

美国对于支付机构的监管核心为消费者保护，特别是保障消费者预存资金的安全，州和联邦的监管者为此引入了包括准入审查、保证金与最低净资产要求、获许投资限制、检查与报告制度、过桥保险、隐私权保护以及反欺诈规则等一系列消费者保护规则。

与美国不同的是，欧盟和英国将类似PayPal的网上支付机构称为电子货币发行机构（ELMI），要求其在电子货币发行、电子货币交易清算、电子货币回赎等方面接受相关法律管辖，受相应监管机构的监管。从整体上来看，ELMI主要受《电子货币发行机构指令》管辖，同时还受到电子商务指令、数据保护指令、不公平合同条款指令等法律的管辖。

表2－11　主要国家对支付机构的法律界定

国家	法律定位
中国	非银行支付机构
美国	货币服务机构
欧盟、英国	电子货币机构
澳大利亚	消费支付工具持有者
新加坡	储值工具控制人
日本	资金转移机构

数据来源：零壹智库。

美国、澳大利亚等对支付机构采用功能性监管界定方式，即对支付业务流程、产品服务流程等具体环节进行规范。

五、总结与展望

2017年，对第三方支付行业来说是不平静的一年。随着备付金的集中存管、成立网联等一系列举措推出，它面临的监管重压越来越大。

目前，第三方支付行业正处于洗牌阶段，一方面，金融监管趋严，支付牌照续展难度提升；另一方面，行业竞争激烈，费率走低，只有支付宝和财付通等少数有规模效应的支付机构才能盈利，大量中小支付机构被淘汰。

未来，支付宝、财付通等头部企业将会获得更多资源，它们会与体量较小的支付机构拉开差距。第三方支付行业会呈现马太效应，支付链条上的强强合作使强者越强；体量较小的支付机构更多地会专注于为特定群体和行业提供解决方案。

在个人客户被支付机构瓜分、所剩无几的情况下，许多第三方支付与聚合支付公司开始将注意力转向企业客户。将自身系统能力向外输出，已成为支付机构之间的共识。

支付的发展离不开科技手段的进步，二维码技术、生物识别技术、大数据技术等已成为支付行业的基础设施。新技术的出现，使支付更加便捷、高效。

第3章

征　信

一、概述

（一）概念

2013年3月，国务院发布《征信业管理条例》（以下简称《条例》），这是我国首部征信业惯例条例法规。《条例》将征信定义为：对企业、事业单位等组织的信用信息和个人的信用信息进行采集、整理、保存、加工，并向信息使用者提供的活动。

（二）发展现状

1. 征信机构定位差异化

从征信对象来看，我国的征信活动分为企业征信和个人征信两类。企业征信是指收集企业信用信息、生产企业信用产品；个人征信是指收集个人信用信息、生产个人信用产品。在我国，企业征信机构实行备案制管理，个人征信实行牌照制管理方法。

据统计，截至2017年10月，我国备案的企业征信机构为137家，其中，北京和上海的机构数量最多，分别为38家和35家，这两地的备案征信机构数量占据了总量的一半以上。其次为广东9家；山东7家；辽宁、陕西和浙江均为6家；四川和内蒙古均为5家；江苏和天津均为3家；河北、河南、福建、贵州和重庆均为2家；吉林、江西、湖南和湖北均为1家。可以看出，我国的企业征信机构分布地区具有明显的地域性，主要分布在北京和上海两地。

个人征信牌照相较于企业征信牌照而言较难获得。2015年1月，央行下发的《关于做好个人征信业务准备工作的通知》（以下简称《通知》），同意芝麻信用、腾讯征信、前海征信、鹏元征信、中诚信征信、中智诚征信、拉卡拉信用、华道征信等8家机构作为个人征信试点机构。最终，个人征信牌照长跑两年，无一获批。2018年2月，由中国互金协会和这8家机构共同持股的百行征信成立，成为央行批准的第一家持个人征信牌照的机构，其中，中国互金协会持股36%，8家机构各持股8%。2018年6月，15家互联网金融机构接入百行征信，我国的个人征信市场正在进一步完善。

从各个征信机构的优势来看，大致可归为三类：第一类是老牌征信机构，以中诚信征信为代表，作为纯粹的第三方征信机构，这类机构的数据主要来源于专业的金融机构和社会部门等第三方，数据源较为客观，同时，这些机构在征信领域的经验较为丰富，具有新兴征信机构不可比拟的优势；第二类是互联网巨头孵化的征信平台，以芝麻信用和腾讯征信为代表，是阿里和腾讯等利用自身的海量交易数据建立的商业模式，具有自身独特的优势；第三类是第三方创业机构，这类机构大都利用大数据切入征信领域，利用技术创新提供特色化征信服务。

除了专业的征信机构外，还有一些大数据领域的领导者，这些机构虽然不是真正意义上的征信公司，但是利用自身的数据优势，不断切入征信领域。

2. 服务各有侧重，应用场景不断丰富

在产品上，各征信机构的服务各有侧重。有的征信机构的服务覆盖了贷前、贷中和贷后整个产业链条，通过贷前风险审查、贷中风险监控和贷后风险预警提供全面的征信服务；同时，也有机构专注于产业链中的某一部分，在该部分不断做大、做深。

在应用场景上，征信活动的应用场景不断丰富。目前，大多数征信机构的应用场景还集中于金融领域，但不少征信机构已在拓展金融领域以外的应用场景，征信应用场景不断扩大，征信应用场景已扩展到日常生活、出行和工作等方面。

二、风险事件

2017—2018 年，征信业出现了不少值得关注的动态。

风险方面，2017 年 9 月的 Equifax 数据泄露事件为征信机构敲响了信息安全警钟。这次数据泄露事件伤害了征信机构在民众心目中的形象，同时也暴露出征信体系的一个关键弱点：极易被黑客关注。通过这次数据泄露事件，可以看出 Equifax 的征信体系中存在以下主要问题。

第一，自身安全系统存在问题。首先，Equifax 采用的网络安全方案不能有效保护消费者的数据安全，并且在处理数据泄露造成的影响问题上投入不足。其次，在此次大规模数据泄露事件发生前，Equifax 曾遭遇过多次小型的数据泄露，但 Equifax 的安全部门并没有及时、有效地处理这些问题。

第二，未及时通知用户数据泄露问题。Equifax 在确认发生数据泄露后 40 天后才向用户披露此事件，Equifax 未及时通知用户，不仅造成消费者未采取有效措施保护自己，同时也伤害了投资者，使联邦和州政府也未能及时采取有效措施缓解数据泄露造成的影响。

它在这次事件中暴露出自身安全系统存在问题（如投入不足、对过往数据泄露事件重视程度不足等）以及未及时通知用户等多项问题，极大地伤害了征信机构在民众心中的形象，暴露出征信体系的一个关键弱点：极易被黑客关注。

专栏 3.1　Equifax 数据泄露事件

Equifax 是美国三大个人征信局之一，最新市值为 153 亿美元（6 月 20 日）。

2017 年 5—7 月，Equifax 1.47 亿用户数据遭到泄露，超过了美国人口的一半。被泄露的用户数据的类型包括姓名、生日、社会安全号、地址、性别、电话号码、驾照号码、邮箱、信用卡信息、税号和驾照颁发州等多种。

事件曝光后不久，Equifax 市值腰斩。该公司也被美国参议院和社会各界详加质询。

为了挽救公司公众形象、保护用户，Equifax 为这次数据泄露事件开设了专门的网站（equifaxsecurity2017.com），让用户可以查询自己是否被卷入其中，并向全美用户免费提供身份保护服务一年。

截至 2018 年第一季度，Equifax 为此事件付出的费用已逼近 2 亿美元，包括网络安全费、法务与调查费等。

三、新技术的应用

数据缺乏共享、高成本数据资源争夺及数据隐私保护问题突出是我国征信发展过程中的痛点。不少新进入者试图用“区块链”改造征信业，构建基于区块链的一条联盟链，搭建征信数据共享平台。区块链应用于征信业，将信用数据作为区块链中的数字资产，有潜力遏制机构在共享数据过程中的造假问题，保证了数据的真实性；同时，可以帮助确立用户的数据主权，生成自己的信用资产。此外，在相关的联盟链上并不是所有的数据都是公开透明的，除了参与数据共享的各方之外，不会有任何第三方可以获得数据，实现了数据隐私保护。

但将区块链应用于征信业仍有不少值得思考的问题：

（1）它们大都打着“让用户数据控制权回到用户自己手中”的旗号，能不能实现这一点还有待观察。

（2）这些项目是不是真的用到了区块链技术，有待检验。

（3）如前所述，当前征信体系存在的一个重要问题是征信机构容易被黑客盯上，区块链能否实现分布式征信，既能不用让中心化机构存储用户数据，又能高效地匹配用户信息供求双方，有待探索。不少观点认为，征信本就是一件高度依赖中心化机构运营的事务，用区块链无法实现这件事。例如，征信需要权威机构验证信息主体征信信息的真实性，“区块链 + 征信”仍然需要依赖这样的权威机构，这与区块链去中心化的理念在某种程度上有矛盾之处。

（4）在我国，坊间也有研究人士在探讨如何将区块链技术应用于央行征信系统，来使它更好地应对海量互联网金融征信数据和新增用户。目前此类探讨尚未落地。

专栏3.2 部分"区块链+征信"项目介绍

1. 公信宝、公信链

时间：公信宝开发公司——杭州存信数据科技有限公司——成立于2016年8月。Dapp（区块链链上应用）方面，企业级应用——公信宝去中心化交易所于2017年9月商用；个人应用——公信宝Dapp 2018年1月上线。

愿景：让用户做自己数据的主人，构建基于区块链的数据经济生态。

共识算法：（1）DPoS（股份授权证明机制）。持币人投票产生101位代表，这些代表是区块生产者。（2）POCS（Proof of Credit Share，由公信链自主设计开发，中文名为信用贡献证明机制或共享交换平衡机制），用来解决数据体量悬殊的企业之间的数据共享交换不平衡问题。联盟成员每完成一笔数据交易，则计算一次PoCS，贡献比根据买卖次数计算，并参与数据交易手续费的计算。PoCS低的联盟成员，将会付出比基准手续费更高的费用换回数据，PoCS高的联盟成员将会付出比基准手续费更低的费用换回数据。

性能：每3秒出1个块，每秒最多处理10万笔交易（10万TPS）。

代币：GXC和GXS。GXC是认证商户（企业、机构等）在公信宝点对点数据交易平台的买卖数据的结算记账数字资产，和人民币1∶1锚定。GXS是公信链（GXChain）上个人使用的数字资产。

其他：公信宝布洛克城采集用户数据，并为这些数据加密。用户可以选择自己数据的开放、授权和交易并从中分享价值；公信宝去中心化交易所允许用户数据买卖双方点对点交易；公信链有智能合约功能，提供流量、通用数字身份（G-ID，与用户真实身份对应）验证、KYC（了解你的客户）输出等服务。

2. Linkeye

时间：2017年启动，2018年1月实现商用。2018年，Linkeye推出面向个人的去中心化Dapp，该产品类似于公信宝布洛克城。用户绑定银行卡，提交资产、职业和学历等信息可获得LET。

地点：项目基金会设立并运作于新加坡，立足中国、东南亚和欧洲市场。

愿景：致力于用联盟链在联盟成员间共享失信人名单。项目计划完善个人征信“黑名单”、个人信用评价报告、企业征信体系和社会信用体系。

技术框架：Hyperleger Fabric。

共识算法：PBFT（拜占庭）。

代币：LET（用户在Linkeye平台查询数据的凭证）。用户查询数据需支付LET，分享数据可获得LET，用户也可以通过二级市场获得LET。

3. Detrust

时间：2018年3月发布白皮书。

地点：项目由新加坡基金会运营。

愿景：将个人数据所有权、存储权、处置权真正归还数据产生者。

技术框架：基于NEO开发。

共识机制：工作量证明（POW）+POS+DAO（分布式组织）。

代币：DET。

四、监管

（一）国内

不管是在司法还是在行政方面，我国征信监管力度不断强化。

司法方面，2017年6月1日出台的《网络安全法》明确了相关主体对个人信息的安全保护义务，完善了个人信息保护原则。新出台的《两高司法解释》明确提出非法获取、出售或者提供公民个人征信信息50条以上即入刑①。这两项法律法规的施行使众多违规采集、使用个人、企业信息的公司被迫停业整顿，部分违规产品从市场上消失。例如，2018年6月，上海一家企业征信有限公司因倒卖个人房产信息被公诉，其企业征信备案也已被央行注销。

---

① 根据2017年5月发布的《最高人民法院、最高人民检察院关于办理侵犯公民个人信息刑事案件适用法律若干问题的解释》和《刑法》，非法获取、出售或者提供公民个人行踪轨迹信息、通信内容、征信信息、财产信息五十条以上的，处三年以下有期徒刑或者拘役，并处或者单处罚金；数量或者数额达到前款十倍以上的，处三年以上七年以下有期徒刑，并处罚金。

专栏3.3 侵犯个人信息专案

1. 数据堂侵犯个人信息案

国内“大数据行业第一股”数据堂（北京）科技股份有限公司（以下简称“数据堂”）成立于2011年。2014年11月，数据堂在新三板上市，2016年，其市值一度达21亿元。数据堂共有4条业务线，即营销线、金融线、财经线和人工智能线。

一起公安部、最高检察院督办的特大侵犯个人信息专案，涉及了数据堂的多名员工。该案被山东警方全面起底，从源头“内鬼”到中转商再到下游使用者，共涉及11家公司。其中，数据堂6名员工处于链条中信息流转的重要环节。目前，该案已由检方提起公诉，法院尚未宣判。

在此次公民个人信息数据交易链条中，共涉及4个环节：

第一个环节，北京某科技股份公司的马某和张某为数据交易链条最初的公民个人信息提供者，将全国15个省份联通机主的上网数据和偏好，包括手机号、姓名、上网数据、浏览网址等平均正确率为99.99%的原始未脱敏数据提供给济南北商经贸有限公司的游某。

第二个环节，数据堂的涉案员工从济南某商经贸有限公司的游某处购得相关数据，并将数据放到公司集群，再由技术组的涉案人员将集群上的数据根据用户兴趣、爱好等分别打上不同的标签，将数据进行清洗和处理，通过精准营销卖给扬州某信息科技有限公司的涉案员工。

第三个环节，扬州某信息科技有限公司的涉案员工将经过清洗和处理的数据卖给上海市某商贸有限公司。

第四个环节，上海市某商贸有限公司的涉案员工将最终获得的数据进行出售。

尽管数据堂本身未作为法人主体被起诉单位犯罪，但受到2017年执法力度加大、《网络安全法》生效等影响，数据堂已承受较大的业务压力。2018年3月，数据堂公开的2017年年报显示，2017年营业收入6340.76万元，同比减少34.5%，归属于挂牌公司股东的净利润亏损9758.49万元，上年同期亏损1687.10万元。

2. 企业征信公司出售公民房屋产权信息案

上海市虹口区人民检察院官网显示，2018年上半年办理了一起企业征信公司出售公民房屋产权信息的案件，涉案的信息达到1800余条，严重侵犯了公民的合法权益，也影响了区域经济的发展。5月17日，该案由虹口区人民检察院对该公司及员工向法院提起公诉。6月12日下午，虹口区人民检察院召开新闻发布会，对该案及此类案件的办理情况做了通报。

潘某是上海一家企业征信公司的法定代表人兼总经理，主要从事对企业的信用资质、财产状况等进行调查、核实业务，但从2016年11月开始，潘某为满足一些小贷公司客户对个人借贷抵押用的房产信息真实性进行核实的额外需求，指使其公司员工蔡某、凌某等人，根据企业客户提供的房屋地址，向他人购买个人房屋产权信息，也就是俗称的“产调信息”，然后将这类信息出售给上述小贷公司等客户。案发后经核实，上述产调信息均能明确识别房屋产权人、产权情况等财产状况内容，共计1814条，该类信息的泄露可能对产权人等造成安全隐患。

根据查明的事实和证据，检察机关认为，该征信公司及其负责人潘某、员工蔡某、凌某违反国家有关规定，购买公民的敏感信息并予以出售，情节特别严重，应当依照我国《刑法》的规定，以侵犯公民个人信息罪追究刑事责任。

行政方面，2018年，我国终于向互联网金融协会持股36%的百行征信颁出第一张个人征信牌照。此时距离芝麻信用、腾讯征信等8家机构被要求做好个人征信业务准备工作已经3年有余。

其他现有的信用服务机构要么在向信用评估的前端——反欺诈倾斜，要么发展信用评估的后端——加工征信信息，绕开了征信本身，这看上去比直接采集个人信用信息更为合规，但还要看监管层是否也会将这两种服务认定为“征信”，毕竟《征信业管理条例》所指的征信是“采集、整理、保存、加工信用信息”，前述活动也可能落入这一范畴。

还有机构对拿牌抱有期望。有征信公司高管称，百行征信成立，并不意味着个人征信市场化的道路完全封闭，针对特定领域和市场主体征信的补充和完善，仍是社会信用体系建设的重要组成部分。

我国监管当局也在不断加强对违规企业征信机构的清退。2016年11—2018年6月，4家企业征信机构因连续6个月以上未实质开展征信相关业务，备案资质被注销。

全国信息安全标准化技术委员会组织制定和归口管理的国家标准《信息

安全技术 个人信息安全规范》（GB/T 35273 - 2017）也于2017年12月29日正式发布，2018年5月1日实施。该规范将个人征信信息归入个人敏感信息，认为它“一旦泄露、非法提供或滥用可能危害人身和财产安全，极易导致个人名誉、身心健康受到损害或歧视性待遇”；提出收集个人征信信息时应取得个人信息主体的明示同意。它还将个人征信信息归入财产信息。

征信业也在本书关注期间逐步走向开放。2017年5月12日，商务部、财政部发布的《中美经济合作百日计划早期收获》的第五条指出，中方将在当年7月16日前允许在华外资全资金融服务公司提供信用评级服务，并开始申请征信许可程序。中国人民银行行长易纲在2018年博鳌亚洲论坛上强调将对外商投资征信机构实行国民待遇。2017年7月3日，央行即对上海华夏邓白氏商业信息咨询有限公司进行企业征信机构备案的公示。2018年5月2日，央行又受理了益博睿征信（北京）有限公司的企业征信机构备案申请。

专栏3.4 我国第一张个人征信牌照的授予历程

1. 2013年，国务院公布《征信业管理条例》，明确我国个人征信实行牌照制。

2. 2015年1月，央行下发《关于做好个人征信业务准备工作的通知》，要求芝麻信用管理有限公司、腾讯征信有限公司、深圳前海征信中心股份有限公司、鹏元征信有限公司、中诚信征信有限公司、中智诚征信有限公司、拉卡拉信用管理有限公司和北京华道征信有限公司做好个人征信业务的准备工作，准备时间为6个月。

3. 直到2017年市场传出“央行亲批，互金协会牵头成立信联”，我国亦未发出一张个人征信牌照。当年的征信监管动态显露出市场格局的变化：

（1）4月21日，央行征信管理局局长万存知在“个人信息保护与征信管理国际研讨会”上回应道：“大家望眼欲穿，为什么到现在还没有发牌照。我在这儿想讲一下，主要有几个没想到。”

“第一个没想到的是，发完通知对8家机构进行个人征信业务准备，刚起步就碰上互联网金融整顿，互联网金融整顿到现在还没结束。换句话说是互联网金融业态到现在也不稳定，也不定型，在这个领域做征信业务怎么做？是需要研究的。

“第二个没想到的是，没想到社会公众对个人信息保护的意识空前高涨，对8家机构要求更高了。

“第三个没想到的是，这8家机构实际开业准备的情况离市场需求、离监管要求差距那么大，这是我们始料不及的。所以综合判断，8家进行个人征信开业准备的机构目前没有一家合格，在达不到监管标准的情况下不能把牌照发出去。”

（2）6月，互联网金融协会牵头筹建信联的消息传出。

（3）11月，关于信联筹建的更多细节被曝光，其中即有前述8家机构各入股8%一事。

4. 2018年1月央行发布的文件透露了百行征信（前身即为“信联”）的更多信息：

持股比例上，百行征信的股东中，互金协会持股36%，前述8家机构各持股8%。

人事安排上，根据零壹财经整理，高管身份信息如下：

董事长（兼总裁）：朱焕启（出生于1960年，曾在央行货币政策司就职，后转至人民银行大连市支行党委书记、行长兼国家外汇管理局大连市分局局长）。近年来，朱焕启担任汇达资产托管有限责任公司董事长（零壹财经注：汇达是经财政部和银监会批准，在国家工商总局注册登记的具有独立法人资格的国有独资非银行金融机构，被称为第五大国有资产管理公司）。

董事：许其捷（互金协会信息科技部主任）、杨彬（互金协会业务三部主任）、奚波（人民银行清算总中心运行部总经理）、郦永达（中国外汇交易中心信息部主管）、李臣（蚂蚁金服高管）、郑浩剑（腾讯支付基础平台与金融应用线副总经理）、邱寒（前海征信总经理）、唐凌（拉卡拉集团高级副总裁，拉卡拉集团拥有拉卡拉征信）、陈向军（银之杰科技股份有限公司董事长，银之杰是华道征信第一大股东）

监事：陈波（中国金融电子化公司总经理）、毛振华（中诚信集团创始人，中诚信集团拥有中诚信征信）、盛希泰（中智诚征信法定代表人，曾任华泰联合证券有限责任公司董事长）、谷国良（鹏元征信有限公司总经理）

1月4日，人民银行称正式受理了百行征信的个人征信业务申请，根据《征信业管理条例》《征信机构管理办法》等规定，将百行征信有限公司（筹）相关情况予以公示。公示期限为1月4—13日。

5. 2018年2月22日，百行正式获得个人征信业务许可。许可内容为个人征信机构设立许可及董事、监事、高级管理人员任职资格核准。百行征信法定代表人为朱焕启，营业场所为广东省深圳市福田区深南大道1006号深圳国际创新中心E栋。

6. 2018年5月23日，百行终于挂牌。

（二）国外

国外与征信相关、引人瞩目的监管事件是欧盟GDPR（*General Data Protection Regulation*，《一般数据保护条例》）的生效。GDPR保障了数据主体的多种权利，包括知情权、数据可携带权和拒绝自动画像权等。其中部分权利可能会影响征信业。

例如，GDPR第22条规定，数据主体有权反对此类决策：完全依靠自动化处理——包括用户画像——对数据主体做出具有法律影响或类似严重影响的决策。这对不少依靠人工智能和大数据做出信贷风控决策的金融科技企业来说有负面影响。以往这些企业可能会采用社交关系、上网行为数据等传统征信信息以外的信息来辅助风控人员做出决策。GDPR的这条规定可能会让这些企业不得不更依赖传统征信信息。

五、总结与展望

2017—2018 年，征信行业发展迅猛，第一张个人征信牌照发放，“区块链 + 征信”被探索和应用，同时，征信行业的监管力度也不断加大。

2018 年 2 月，第一张个人征信牌照发放。百行征信的成立，第一，可以把 8 家机构的信息整合起来，形成一个庞大的征信数据库，有利于打破“数据孤岛”的局面；第二，可以打破“数据垄断”局面，让国家更好地掌握和分享保存在各个机构的信用信息，建立相关的行业标准；第三，可以借助国家力量防止个人信息被过度采集和利用，防止个人信息泄露。

目前，我国征信业发展仍存在数据缺乏共享、高成本数据资源争夺及数据隐私保护等问题。不少征信行业的新进入者试图利用区块链改造征信行业，利用“区块链 + 征信”打破信息孤岛问题和信息泄露问题，但大多新进入者大都打着“让用户数据控制权回到用户自己手中”的旗号，是否真正实现这一点仍有待检验，同时，这些机构是否真正应用了区块链技术也有待考量，除此之外，区块链能否实现分布征信有待探索。

随着征信业的迅猛发展，征信的应用场景越来越丰富，相关的行业监管力度也不断加大。2017—2018 年，与个人信息安全相关的法律法规和行政措施不断出台，防止个人隐私信息泄露的发生；企业征信机构的监管力度也不断增强，一些不具备相关资质的机构被清退；同时，我国的征信行业逐步开放，央行受理了上海华夏邓白氏商业信息咨询有限公司和益博睿征信（北京）有限公司的备案申请，征信业发展不断多元化。

第 4 章

存贷款与资本筹集

金融科技浪潮下，筹资领域迎来革新，主要体现在两个方面：第一，融资可获得性增强，融资渠道有所拓宽，除传统融资渠道外，借款用户尤其是小微企业和个人借款用户亦可以通过网贷、互联网众筹等平台筹措资金；第二，资金发放效率明显提升，诸如大数据、云计算、人工智能缩短了债权筹资或股权融资的时间周期。

但同时，我们需要认识到，金融科技逐渐渗透至融资领域的过程中也可能产生一些负面影响。譬如，筹资渠道拓宽、监管相对滞后可能加剧影子银行问题；筹资效率提升或牺牲了风险控制效率，从而导致逾期坏账率增长。

本章节中，我们概述金融科技在融资领域的发展现状，辅以必要的数据和案例，作简单展望。

一、概述

（一） 概念

巴塞尔委员会的界定：存贷款与资本筹集主要包括P2P网络借贷和股权众筹，即融资方通过互联网平台，向一定范围内的合格投资者募集小额资金。

本书的界定：融资方基于互联网平台向一定范围内的资金提供方募集资金。

（二） 银行业金融机构

银行业金融机构利用新兴技术手段改善、部分取代或者全部取代需要通过以柜台为代表的传统渠道来完成的服务，应该归于金融科技在银行业金融机构的应用。例如，银行业基于互联网吸收公众存款已经成为常规操作，以信用卡为代表的贷款业务广泛利用了当下时兴的大数据精准获客、人工智能、生物识别等技术，重塑了前台获客、中台运营和后台服务。

银行对金融科技的重视一方面来源于金融科技本身的力量；另一方面市场的新生力量迫使银行做出改变。一个不容忽视的事实是，随着互联网理财产品如余额宝、微信理财通等快速打开个人理财市场，银行业金融机构吸收存款的能力正在受到挑战。

近年来，不少银行通过互联网提供或改进存贷汇服务，试举几例：1）设立直销银行。据零壹数据统计，截至2017年底，已上线直销银行数量超过114家。大部分直销银行提供货币基金、银行理财及存款业务，虽然扩大了银行的市场接触面，但存在产品单一、同质化等问题；2）开展银行电商服务，实现电商与金融服务协同发展，但由于信息流、物流等投入欠缺，银行电商发展缓慢；3）通过直接开立或入股的方式成立 P2P 网贷平台。

传统银行转型之余，新一批互联网银行逐渐兴起，渐成气候。相比定位于“信息中介”的新兴借贷服务机构，互联网银行的最大优势在于资金充裕度较好，可以吸收公众存款或者银行同业拆借，资金成本较低。

截至 2018 年上半年末，我国已开业的民营互联网银行共有 8 家，包括微众银行、网商银行、苏宁银行、新网银行、亿联银行、中关村银行、华通银行和众邦银行，前 6 家银行由大型互联网公司入股，吸引存款、发放贷款等业务利用了互联网公司的线上渠道、已有数据和互联网技术。

微众银行、网商银行、新网银行和苏宁银行业绩表现相对“亮眼”，其代表性产品如表 4－1 所示。4 家互联网银行中，微众银行和网商银行业绩表现较好，凭借互联网流量优势和渠道优势，两家银行放款量远超出新网银行和苏宁银行；微众银行与网商银行在资产和用户获取上差异较大，前者主要通过微信、QQ 等社交产品吸纳个人借款用户，后者主攻中小企业贷款市场。

表 4－1　我国互联网银行及其代表性产品介绍（截至 2018 年 6 月）

互联网银行	企业贷产品	个人贷产品	业绩表现
微众银行 2014 年 12 月，由腾讯牵头发起设立	微业贷：为小微企业提供的线上流动资金贷款服务，基于互联网技术及大数据分析，无须抵质押（截至 2018 年上半年末，仅限广东地区受邀企业体验）	微粒贷：无抵押无担保的小额信用贷款产品；微车贷：汽车消费信贷产品	截至 2017 年末，总资产规模超过 817 亿元，同比增长约 57%，注册用户超 6000 万人次；2017 年营收 67.48 亿元，同比增 175.5%；2017 年净利润 14.48 亿元，是上年的 3.6 倍

续表

互联网银行	企业贷产品	个人贷产品	业绩表现
网商银行 2015年6月， 蚂蚁金服、 复星等发起	网商贷（原阿里小贷、蚂蚁微贷）：针对小微企业提供的“金额小、期限短、随借随还”的纯信用小额贷款； 信任付：为小微经营者“先拿货、后付款”的采购后付服务	旺农贷：主要为农户提供生产经营性贷款	在2018年6月举办的2018小微企业行业峰会上，网商银行宣布其贷款用户总数达到850万
新网银行 2016年12月， 新希望、小米、 等发起	暂无信息	好人贷：提供普通个人信用贷款服务	截至2017年底，总资产163.15亿元，2018年3月底增至204.55亿元。2017年亏损近1.7亿元，2018年季度盈利0.57亿元
苏宁银行 2017年6月， 苏宁云商、 日出东方发起	苏宁云贷：供应链金融服务，提供包括应收账款类、存货类、预付类贷款产品； 税e贷：服务于小微企业用于短期生产经营周转的信贷产品	升级贷：服务于新兴互联网消费者及小微个人经营者的贷款产品	资产规模突破220亿元，贷款余额超过180亿元，获得超过50家银行的同业授信，个人客户数已达数百万

数据来源：零壹智库。

（三）新兴机构

1. 网络小贷公司

网络小贷公司，即指可以通过网络平台开展线上小额贷款业务的小额贷款公司。至于小额贷款公司，2008年5月4日银监会、央行联合下发的《关于小额贷款公司试点的指导意见》中将其定义为：“由自然人、企业法人与其他社会组织投资设立，不吸收公众存款，经营小额贷款业务的有限责任公司或股份有限公司。”

网络小额贷款公司的兴起早于P2P网贷、互联网众筹和互联网银行，阿里、京东等企业为各自生态系统内的用户提供小额贷款服务是网络小贷业务的最初形态，这类企业提供的中小企业融资服务也代表着网络小额贷款的一个重要方向，亦被称作基于电商模式的企业融资服务。事实上，除阿里巴巴、京东、苏宁、国美这类在企业信用数据上有一定积累或者对企业供应链拥有一定控制力的大型电商企业外，鲜少有网络小额贷款公司有能力独立涉足企业互联网融资服务。

在基于电商数据的企业融资服务中，放贷主体主要依据融资企业在电子商务平台的交易数据开展企业融资服务，其操作模式一般为，电商金融企业发起小额贷款公司或与传统金融机构合作，以满足电商生态环境内的企业融资需求，融资企业在电商网站的交易数据将被应用于信用风险模型建立，并与信贷额度、信贷利率挂钩。

一般而言，基于电商数据开展的企业融资服务的共同点主要包括：1）大数据被用于资信审核过程，电商金融企业通过多年的业务积累了海量的底层数据，如企业的销售收入、现金流、违约数据、商品评价等，可以有效地用于评估企业贷款风险，其典型代表是蚂蚁金服2016年研发的“灵芝”系统；2）具有明显的金融牌照优势，电商系互金企业的资金来源除合作机构外，也包括旗下小贷公司、互联网银行、证券、保险、融资租赁等持牌性金融机构，资金来源广泛，且成本相对低廉；3）贷后管理环节中能够更好地追踪企业资金运用情况，原因在于电商系平台多针对其供应商、客户企业进行授信，电商企业不仅是贷款发放者，通常也直接或间接地参与交易。

相比于企业贷款服务，个人贷款服务更容易通过网络小额贷款公司开展，原因在于企业贷款由于审核资料较多，通常涉及大量线下流程；有条件纯粹通过互联网渠道发放企业贷款的公司仅局限于国内少数大型电商类企业。当然，在实际业务中，中小企业主亦有可能以自然人名义向网络小贷公司申请贷款并将资金运用至企业经营，由于债务人是企业主而非企业法人，这部分贷款本章中将其归为个人贷款业务。从用户获取的角度看，网络小贷公司提供的个人贷款服务主要分为有场景的贷款服务和无特定使用场景的贷款服务，区别在于，前一类贷款服务里网络小贷公司对借款人资金用途有一定掌控，后一类则无法控制资金的最终流向。

据零壹数据不完全统计，截至2018年6月末，至少有280家网络小贷公司注册开业，其中包括经营范围由传统小额贷款变更至网络小贷业务的公司，突出表现为三大特征：

（1）网络小额贷款公司注册地具有明显的地域性。如图4-1所示，280家网络小贷公司的注册地分布在全国24个省级行政区，广东和重庆最多，分别有64家和55家，合计占网络小贷公司总量的42.5%；浙江和江西分别有23家和22家；上海、江苏、海南和黑龙江分别有16家、16家、12家和11家，其余地区已注册网络小贷公司均不超过9家。

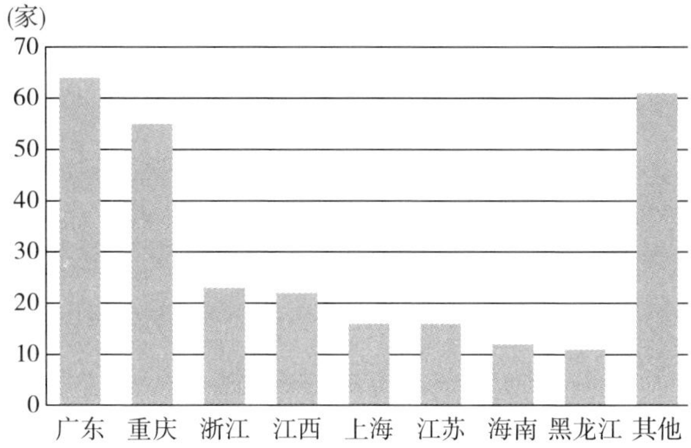

图 4 –1　已注册网络小贷公司地域分布

资料来源：零壹数据。

网络小贷公司集中于广东和重庆大致有两大原因：一是当地网络小贷公司注册条件相对宽松；二是当地的经济社会政策环境可能对网络小贷业务构成一定的便利条件。广东省对小贷公司注册资本要求低，最高不超过 5000 万元，在山区县（市、区）设立有限责任公司可低至 1500 万元。重庆市出具的优惠鼓励政策以及完善的相关配套制度体系是催生当地网络小贷的重要原因，一段时间内，重庆完全放开了经营区域限制，小贷公司可以在全市范围内发放自营贷款、委托贷款和从事股权投资，而经批准开办网络贷款业务的小贷公司则可以在线上向全国范围内的客户发放自营贷款。此外，重庆在小贷公司资金来源和流动性等方面也有一系列政策，如允许小贷公司备案后开展同业拆借、鼓励小贷公司探索不良贷款处置等。

网络小额贷款通过互联网获取借款用户，其主要优势是不受或少受地域性限制，但由于各地小额贷款监管政策不一，客观上导致网络小贷公司向监管环境宽松的地区汇聚。

（2）大公司热衷于发起网络小贷公司。据零壹数据不完全统计，截至2018年6月30日，至少有114家（占全部样本的40.7%）网络小贷公司具有上市公司背景，这些上市公司或为网络小贷公司的发起人，或为其主要股东，或为其他关联方；经营业务包括金融、制造、地产、互联网等，不少上市公司与多个网络小贷公司具有关联关系，如瀚华金控旗下有5家网络小贷公司，京东及京东金融共持有5家网络小贷牌照，联想控股和中国平安各与4家网络小贷公司存在关联关系，蚂蚁金服和苏宁分别持有3张网络小贷牌照。

（3）相当一部分网络小贷公司与P2P网贷公司存在关联关系。据零壹数据不完全统计，截至2018年6月末，至少有45家网络小贷公司与互金公司存在关联关系，这些互金公司主要由综合金融集团以及网贷机构构成，前者如蚂蚁金服、京东金融、小米金融、万达财富；后者如团贷网、微贷网、恒大金服、博金贷等，相当一部分公司曾提供现金贷服务。放贷或助贷规模最大的当数重庆市蚂蚁商诚小额贷款有限公司，基于支付宝的流量优势向个人借款人提供“借呗”服务，日费率为0.015%~0.06%。

网络小贷公司有别于传统银行业金融机构的特点主要有两个：一是在于贷款业务几乎不受物理经营场所的限制；二是不吸收公众存款，资金来源受到一定制约。

《关于小额贷款公司试点的指导意见》指出，小贷公司的主要资金来源为股东缴纳的资本金、捐赠资金，以及来自不超过两个银行业金融机构的融入资金，其中从银行业金融机构获得融入资金的余额不得超过资本净额的

50%。2015 年 8 月 12 日国务院法制办公室发布了《非存款类放贷组织条例(征求意见稿)》，指出非存款类放贷组织应当主要运用自有资金从事放贷业务，也可以通过发行债券、向股东或银行业金融机构借款、资产证券化等方式融入资金从事放贷业务，在一定程度上放开了对包括小额贷款公司在内的非存款类放贷组织资金来源的要求。各地金融办在全国性监管文件的指导下，根据辖区具体情况制定了适应本地的小额贷款公司监管政策，除银监会规定的资金来源外，部分地区还可以通过资产证券化、向主要股东定向借款、同业借款等方式融资。

2017 年，互联网借贷业务伴生的金融乱象引起监管强烈关注，网络小额贷款公司作为这一业务的重要参与者，也迎来了更严格的监管措施。暂停批设网络小贷公司和限制放贷资金来源是最突出的两类举措。

2017 年 11 月，互联网金融风险专项整治工作领导小组下发了《关于立即暂停批设网络小额贷款公司的通知》的特急文件，要求自件发布当日起，各级小额贷款公司监管部门一律不得批设网络（互联网）小额贷款公司，禁止新增批设小额贷款公司跨省（区、市）开展小额贷款业务。2017 年 12 月 1 日，互联网金融风险专项整治工作领导小组办公室、P2P 网贷风险专项整治工作领导小组办公室下发《关于规范整顿“现金贷”业务的通知》，严格限制网络小贷公司资金来源，禁止以任何方式非法集资或吸收公众存款；禁止通过互联网平台或地方各类交易场所销售、转让及变相转让本公司的信贷资产；禁止通过网络借贷信息中介机构融入资金；以信贷资产转让、资产证券化等名义融入的资金应与表内融资合并计算，合并后的融资总额与资本净额的比例暂按当地现行比例规定执行，各地不得进一步放宽或变相放宽小额贷款公司融入资金的比例规定。

总体来看，网络小贷公司在引导互联网贷款模式发展上具有重要的作用，是新兴金融科技服务的先行者，也是最早通过互联网在全国范围内提供融资服务的一类新兴机构。随着互联网融资变得越来越普遍，网络小贷公司的贷款发放在相当一段时间内无法得到有效控制，其中，网络小贷公司监管权力下放至地方金融监管部门是重要原因。随着相关部门对金融稳定的重视增强，2017 年网络小贷公司迎来强监管，贷款业务迅速“降温”；预计在相当一段时间内，网络小贷公司的整体贷款业务规模难以扩张。

2. P2P 网贷

P2P 借贷（Peer to Peer Lending）是一种“古老”的融资方式，它的实质是借款人和贷款人不经过第三方主体直接形成借贷关系。P2P 网贷是 P2P 借贷的线上化，又称为“P2P 网络借贷”，银监会将其定义为“个体和个体之间通过网络借贷信息中介机构实现的直接借贷”，个体包含自然人、法人及其他组织。

实际上，P2P 网贷行业在十余年的发展历程中，并不一直满足银监会的标准定义。所谓提供网贷借款人与出借人信息撮合服务的“网络借贷信息中介机构”，也曾作为资金中介机构而存在，但在中国网贷监管环境日益改善的过程中，这些平台也逐渐向纯粹的信息中介机构转型。下文暂时忽略网贷机构定位的差异，着重强调其在投融资市场的作用，故统一称其为“P2P 网贷”。

全球首家 P2P 网贷平台是 2005 年在英国上线的“Zopa”，该网站提供借款需求变现、交易撮合和信用评估服务。Zopa 模式推出后市场反应热烈，出现了一批追随者：2006 年 2 月美国第一家 P2P 网贷平台 Prosper 上线；2007 年 5 月 Lending Club 在 Facebook 推出 P2P 网贷应用；同年 8 月我国第一家 P2P 网贷平台拍拍贷上线成立。从 2011 年开始，我国 P2P 网贷市场开始爆发，2015 年新上线平台数量达到“巅峰”；在平台数量快速增多的同时，行业乱象随之而至，P2P 网贷行业非法吸存、集资诈骗等案件高发，金融风险引起了监管部门的注意。此后的 2016 年以及 2017 年，互联网金融监管环境明显收紧，2016 年 4 月国务院牵头拉开了全国性的互联网金融风险专项整治活动的序幕；同年 8 月，《网络借贷信息中介机构业务活动管理暂行办法》下发。此后，网贷备案、银行存管、信息披露指引接连发布，行业合规程度不断提高。

10 年间，P2P 网贷年度交易规模逐年增长，但 2018 年以来 P2P 网贷市场表现逐渐“黯淡”。

据零壹数据不完全统计，截至 2017 年末，P2P 网贷累计交易规模达到 6. 07 万亿元；2017 年交易额约 2. 71 万亿元，同比增长 38. 8%，网贷交易额集中分布在上海、广东、北京和浙江四地，规模分别达到 6879 亿元、6576 亿元、5252 亿元和 2868 亿元，合计占到全国总量的 80%。

截至 2018 年上半年末，P2P 网贷行业累计交易额约为 7. 12 万亿元，2018 年上半年交易额为 1. 05 万亿元，同比下降 18. 7%，环比下降 26. 7%；交易额走低直接受运营平台数量减少的影响，中国宏观经济金融环境下债权人坏账率整体升高导致出借人投资热情褪去亦是重要原因。

P2P 网贷贷款余额自 2017 年 10 月逐月走低，截至 2017 年末，P2P 网贷贷款余额（指待还本金，下同）为 1. 21 万亿元，截至 2018 年上半年末为

9610 亿元，同比下降 16.8%。

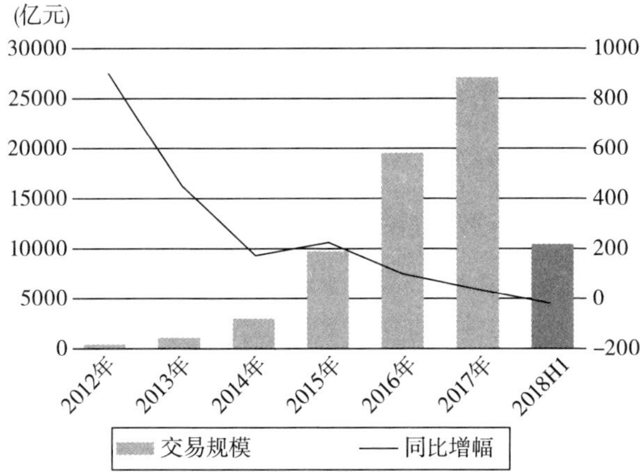

图 4-2　历年 P2P 网贷成交规模走势

资料来源：零壹数据。

规模高速增长的同时，P2P 网贷在业务模式、监管政策、市场格局以及技术应用等方面快速翻新。

为了应对 P2P 网贷行业的市场变化及金融风险，相关监管政策也逐步颁布。自 2015 年 7 月央行等 10 部委联合发布《关于促进互联网金融健康发展的指导意见》起，监管环境发生明显改变，由此前的鼓励互联网金融创新转变为合规与发展并重。2016 年 4 月，国务院牵头拉开了全国性互联网金融风险专项整治的序幕，同年 8 月，银监会正式发布《网络借贷信息中介机构业务活动管理暂行办法》；在此之后的一年时间内，多份实质性监管政策落地。截至 2017 年 8 月 24 日银监会发布《网络借贷信息中介机构业务活动信息披露指引》，网贷监管的“1+3”体系（即一个办法，备案、存管、信披三个指引）终于完成；“1+3”网贷监管体系是银监会在历年监管文件包括《关于促进互联网金融健康发展的指导意见》《网络借贷信息中介机构业务活动管理暂行办法》的基础上形成的具体规范，对网贷行业的指导性作用显著。

市场快速响应着网贷监管政策。2017年最重要的变化来自资产结构的转变。P2P网贷机构以“824”暂行办法为准绳进行小额化整改，行业内个人信贷规模比例明显扩大，现金贷资产占比的提升加速了这一过程。据零壹数据统计，2017年个人贷款规模的比例达到63%，而2016年这一比例仅为29%。市场竞争激烈，大量P2P网贷平台出局。据零壹数据观察，正常运营P2P网贷平台持续减少的现象已经延续近两年，它是市场出清的正常表现，2014—2015年产生的大量泡沫逐渐被挤出。

在这个过程中，政策环境、市场竞争以及内生信贷风险等是决定因素，尤其是2016年开启的互联网金融风险专项整治导致行业出清的步伐加快。主要表现有两个方面：一是新上线平台大体上呈现减少的趋势，这跟工商局限制注册有直接关联；二是问题平台逐渐累积，更多地依赖市场的自然出清作用，监管机构直接干预较少。除了机构数量，放贷额与贷款余额2017年也有了明显的变化，第三季度以后，月放贷额已经开始趋于稳定，贷款余额也有下行趋势，这主要源于监管部门对大额业务的限制。

在监管政策明朗化以及市场格局趋于稳定的情况下，多家P2P网贷机构在美上市。以2015年底宜人贷上市为起点，国内大批金融科技企业开始传出上市消息；2017年起金融科技企业涌现海外上市潮，截至2018年上半年末，宜人贷、信而富、趣店、和信贷、拍拍贷、乐信、爱鸿森和点牛金融先后在美国交易所上市，其中宜人贷、信而富、和信贷、拍拍贷、乐信旗下的桔子理财、爱鸿森和点牛金融均为P2P网贷平台。上市P2P网贷平台的业务较为相似，借款群体均主要为个人借款方，资产渠道目前都以线上为主，均定位于消费贷款平台；但不同平台的借款产品有所差异。从目前市场动向看，金融科技上市潮仅仅是个开始，陆金所等多家平台仍在积极筹备上市事宜。

P2P网贷的市场效应主要有两个方面，一是为传统金融机构难以覆盖到的借款用户提供融资服务，或者更加高效地服务用户，降低时间成本；二是为中国投资人提供了高收益且易触达的在线理财服务，丰富了资产配置。此外，P2P网贷行业客观上促进了整个线上借贷市场，也为金融技术服务的发展提供了更丰厚的土壤。

除去积极影响，P2P网贷也蕴藏着较大的金融风险。2015—2016年，大量平台出现失联跑路、提现困难、歇业停业等问题，据零壹数据不完全统计，截至2018年上半年末，行业内问题平台数量已达4402家，约占累计上线平台数量的73.6%。近十年来P2P网贷贷款余额快速增长的同时，隐含坏账也在逐渐增多，截至2018年上半年末，中国P2P网贷贷款余额约9610亿元，略低于同期全国小额贷款公司贷款余额（9763亿元），如果按照15%~20%的坏账率粗略计算，P2P网贷隐含坏账应该在1441亿~1922亿元。

基于以上因素，我们认为，2018年P2P网贷行业的主题仍是合规化整改和市场出清。预计网贷交易额增速进一步放缓，全年交易额应该不超过2万亿元，网贷贷款余额大概率仍继续下降，这一过程受监管“降存量”规定以及机构退出的双重推动。此外，P2P网贷获得风投案例仍将减少，但还会有网贷平台谋求上市。

3. 股权众筹

众筹一词来源于Crowdfunding，又称为大众筹资或群众筹资，是一种向群众发起募资，目的在于支持个人项目或组织发展的行为。互联网众筹即指通过互联网平台完成的众筹过程，一个完整的众筹过程包括三类角色——筹资人、投资者和众筹平台。互联网众筹是继P2P网贷之后出现的一种新型融资方法，属于直接融资方式的一种，比P2P借贷范围更广，更具多样性。

股权众筹较为宽泛的定义是“以股权作为回报的众筹模式”，随着近年来互联网的高速发展，加之我国政府对创新融资模式的推动，股权融资逐渐成了小微企业融资的可选方式之一。股权众筹一方面拓宽了小微企业直接融资渠道，借助互联网的渠道优势，创业项目可能吸纳来自全国各地的投资人；另一方面，相较于VC、PE投资，股权投资的门槛较低，使普罗大众可以借此进行股权投资，丰富其资产配置。

互联网金融的发展革新了融资方式，网贷大大增强了债权融资的可获得性，通过互联网达成的股权融资和私募基金募集行为在一定程度上拓宽了股权融资渠道。但客观地看，互联网股权融资明显落后于网贷融资，原因主要有两个方面：

一是股权众筹立法缓慢，监管不明朗。

2015年7月央行等十部委发布《关于促进互联网金融健康发展的指导意见》，在此之前，我国股权众筹立法处于基本空白的状态。文件首次明确界定股权众筹融资主要是指通过互联网形式进行公开小额股权融资的活动，指出股权众筹融资必须通过股权众筹融资中介机构平台进行。在该指导意见中，立法者将股权众筹的法律性质定性为一种公开的股权融资行为。

2015年8月，证监会发布的《关于对通过互联网开展股权融资活动的机构进行专项检查的通知》（以下简称《通知》）更加详细地表述了股权众筹融资活动的公募属性。《通知》认为，股权众筹具有“公开、小额、大众”的特征，涉及社会公众利益和国家金融安全，必须依法监管。未经证监会批准，任何单位和个人不得开展股权众筹融资活动。同时，该通知还明确了一些机构开展的冠以“股权众筹”名义的活动，是通过互联网形式进行的非公开股权融资或私募股权投资基金募集行为，不属于股权众筹融资范围。

鉴于股权众筹试点尚未启动，因此市场中并无监管认可的股权众筹平台，通常所称“互联网股权众筹”实指通过“互联网非公开股权融资”或“私募股权投资基金募集行为”。

迄今为止，我们关于股权众筹的立法还停留在厘清概念的层面，并未制定具体规范。与此同时，互联网非公开股权融资以及通过互联网进行的私募股权投资基金募集行为面临的监管强度与日俱增，例如，股权众筹风险专项整治活动确立了诸如“不得发布虚假标的”“不得自筹”“不得‘明股实债’或变相乱集资”等禁止事项。

零壹智库认为，立法推进缓慢是中国互联网股权众筹发展困难的重要原因，互联网金融领域的强监管亦使得市场主体的自行探索面临较大的政策风险。在控制金融风险和探索股权众筹融资两个方向上，我国监管部门首先考虑了前者，因此，过去几年里市场对股权众筹融资的态度逐渐由积极转向踌躇观望。

二是服务客群小，远逊于网贷融资。

现阶段，我国互联网股权众筹行业已经收缩为一个“小市场”。一方面，以募集规模衡量，股权众筹市场规模不再快速增长。据零壹数据不完全统计，截至 2018 年一季度末，我国互联网非公开股权融资历史累计规模约212亿元，2018年规模有下降趋势；另一方面，股权众筹离其支持“创业创新”的初衷已相去甚远，融资对象集中于低端餐饮、非标住宿等行业，甚至一度沦为私募基金的募集通道，而高新技术企业很少从股权众筹平台获得融资。

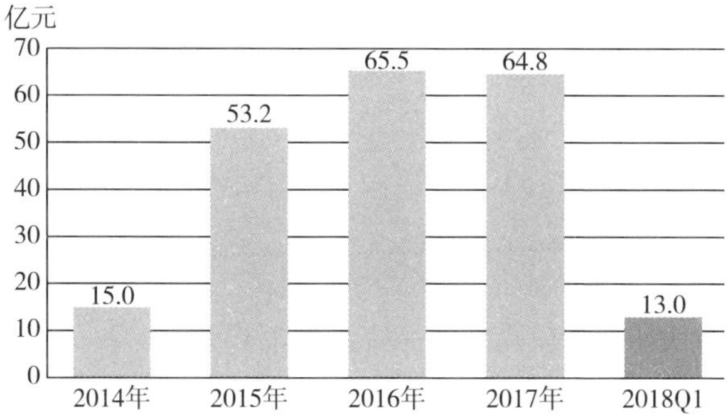

图4-3 互联网非公开股权融资规模趋势

注：图中“互联网非公开股权融资”规模包含“权益类众筹”融资规模，理由见下文。
资料来源：零壹数据。

系统地看，我国互联网众筹行业主要存在三类制约因素：第一，实体经济增长乏力，缺乏创新，通过互联网众筹融资的中小企业产品形态单一，大量从事低端服务业；第二，众筹平台的避险态度，诚然众筹平台在众筹业务的法律关系中多充当居间人不承担主要风险，但众筹失败或者项目经营失败仍会给众筹品牌带来消极影响；第三，监管近年来对金融风险的严控态度也是导致股权众筹趋于保守的主要原因。

互联网众筹的长远发展即取决于以上三要素。鼓励创业创新应该是众筹发展的基础，在此前提下，应该加快立法进程和完善基础建设，使得互联网众筹成为一种较为常规的融资方式。如此，才有望将控制金融风险和促进实体经济融资统一起来。

4. 助贷机构

互联网助贷模式是指平台通过线上、线下方式自主开发资产，对接如银行、消费金融公司、信托、P2P 网贷等资金源的操作模式，其特点是没有自己的资金源，优势在于资产获取。

根据助贷机构是否具有资产定价能力，互联网助贷可分为两种模式，有资产定价能力的采用保证金方式对接更多资金，其代表为美利金融；没有资产定价能力的公司实则是资金端的外包公司。

采用保证金方式对接资金端的助贷流程如下：

- 助贷机构向银行或消费金融公司缴纳保证金，保证金作为业务资金首先放出；
- 助贷机构与借款人签订个人借款合同；
- 助贷机构审核通过后，向资金方发送借款指令；
- 资金方放款给借款人。

互联网助贷机构数量众多，专注的资产类型十分庞杂。总的来看，初创型公司居多，一般规模较小，但往往更加灵活、决策效率高、发展步伐快。这类机构特点决定了其通常专注于某个垂直细分领域，近年来已经出现了一些专耕汽车金融、农村金融、校园分期、蓝领消费等资产的互联网助贷平台。在做深做透垂直资产并达到一定业务规模和品牌影响力后，助贷公司通常也会逐步进行产品业务的扩展。

由于经营形态单一，互联网助贷模式所面临的最大掣肘在于如何批量获取优质资产以提高定价能力。近年来，互联网助贷的业务范围不断扩大，由原来的一二线省市扩展至三四线城市甚至农村地区；另外，大数据风控也得到较为广泛的应用，它们改进了现有业务流程，节约了成本；反映在资金端上，（类）金融机构与助贷平台的合作变得更加普遍。

2017 年以来，互联网“现金贷”导致的金融乱象被金融监管部门关注，2017 年 12 月互联网金融风险专项整治、P2P 网贷风险专项整治工作领导小组办公室正式下发《关于规范整顿“现金贷”业务的通知》，该通知对银行业金融机构资金的贷款发放活动进行了限制，规定“银行业金融机构不得以任何形式为无放贷业务资质的机构提供资金发放贷款，不得与无放贷业务资质的机构共同出资发放贷款；与第三方机构合作开展贷款业务的，不得将授信审查、风险控制等核心业务外包；银行业金融机构不得接受无担保资质的第三方机构提供增信服务以及兜底承诺等变相增信服务，应要求并保证第三方合作机构不得向借款人收取息费”。

现金贷的监管迫使助贷金融转型，一个重要的方向是仅提供技术输出服务，如精准获客和大数据催收，当然也有部分助贷机构通过其设立的网络小额贷款公司经营放贷业务。

二、资本市场

（一）公开市场

从 2016 年下半年开始，大批国内网贷公司传出上市消息，包括信而富、拍拍贷、陆金报、趣店、乐信等。2017 年涌现海外上市潮，当年共有信而富、趣店、和信贷、拍拍贷、乐信等公司先后在美国交易所上市。2018 年 3 月，爱鸿森和点牛金融相继登陆纳斯达克，截至2018 年6 月，中国共有8 家网贷公司在美国证券市场上市，详见表 4 – 2。

表 4 –2　国内网贷公司上市详情（按上市时间顺序排列）

序号	公司简称（代码）	上市时间	借款渠道	主要客群	最近 1 个财年内净利润/净亏损（万美元）
1	宜人贷（NYSE：YRD）	2015 年 2 月	纯线上申请	35 岁及以下的年轻人	21083. 9
2	信而富（NYSE：XRF）	2017 年 4 月	仅 APP 申请借款	缺乏信用历史的移动活跃用户	（33366）
3	趣店（NYSE：QD）	2017 年 10 月	线上借款，用户主要来自支付宝	年轻的优质消费人群	33267. 1
4	和信贷（NASDAQ：HX）	2017 年 11 月	11% 线上借款人，89% 线下借款人	中国新兴中产阶级人群	10725. 8①
5	拍拍贷（NYSE：PPDF）	2017 年 11 月	全线上操作	20 ~40 岁的人群	16644
6	乐信（NASDAQ：LX）	2017 年 12 月	部分产品仅支持手机端	受过良好教育的 18 ~36 岁的人群	3694. 3
7	爱鸿森（NASDAQ：AIHS）	2018 年 3 月	线上申请，线下辅助	个人借款人和小微企业	（59. 7②）
8	点牛金融（NASDAQ：DNJR）	2018 年 3 月	线上线下结合	中小企业，拥有汽车所有权的个人借款人，普通个人借款用户	（99. 7）

数据来源：零壹数据，上市公司财报。

① 2018 财年数据，统计范围为 2017 年第二季度至 2018 年第一季度。
② 统计范围为 2016 年第二季度至 2017 年第一季度。

从业务模式来看，宜人贷、信而富、和信贷、拍拍贷、爱鸿森和点牛金融是P2P网贷平台，趣店和乐信为“助贷”机构。两种模式下，平台收入均主要来自向借款人收取的一定比例的服务费用，但P2P网贷平台收入和费用均更为繁杂，前者不仅向借款人收取费用，也要针对投资人收取利息管理费；费用方面，由于P2P网贷的资金来源于个人投资者，其资金成本高于使用机构资金的助贷机构，一般地，单位收入所需要的成本更高。

除点牛金融和爱鸿森将中小企业贷款也视为重要业务，其他6家上市网贷平台主要服务于个人借款方，资产渠道以线上为主，均定位于消费贷款平台；具体的借款产品则有所差异，举例来说，拍拍贷以小额短期贷款为主，宜人贷则以中长期贷款为主。

与欧美Lending Club、Ondeck、Prosper、Zopa等头部平台相比，中国主要网贷平台放款量、营收、利润等业绩综合表现更“优”。究其原因，主要是因为中国庞大的人口支撑以及金融渗透率低。此外，中国网贷公司借款费率高也是一个重要原因，零壹数据选取了两组典型平台进行对比，如表4-3所示。Lending Club和宜人贷均主要向个人借款人提供贷款，2017年，Lending Club促成贷款89.87亿美元，高出宜人贷26亿美元以上；但两平台净收入和净利润相差悬殊，2018年第一季度末，Lending Club仍未实现盈利，而宜人贷对借款人收取了更高的服务费。

不过，中国网贷公司的“优势”更多地表现在个贷市场，中小企业贷的线上化还在进一步的摸索之中。尽管中小企业贷市场容量理论上远大于个贷市场，但从全球范围来看，基于互联网发放/撮合企业贷款难言成功。制约因素主要有三：一是相较于传统商业银行，网贷融资成本过高，因此只有资信较差以及贷款渠道极其受限的中小企业会选择网贷融资；二是企业征信数据严重缺乏，而网贷模式对资信数据要求高；三是抛开一国经济社会环境的差异，不同的证券/银行监管体系中，网贷机构的监管风险和所受辖制不同，会对其经营业务造成较大影响。横向比较，中国网贷公司面临的监管环境相对宽松且不成熟，政策骤然收紧淘汰了大批网贷平台的同时也影响了网贷公司展业。

美国知名的企业贷平台 Ondeck 2017 年发放贷款总额达 9.9 亿美元，规模远逊于主攻消费贷款的 Lending Club，截至 2018 年上半年末，Ondeck 仍未盈利。国内上市网贷平台中，点牛金融放款量远低于 Ondeck，且 2017 年利润水平接近盈亏线，预计 2018 年将初步盈利。

表 4－3　中美网贷模式对比

组别	国外网贷公司	主要客群	2017 年促成/发放贷款金额（亿美元）	2017 年净收入（亿美元）	2017 年净利润（亿美元）
1	Lending Club	个人借款人	89.87	4.49	(1.54)
	宜人贷		63.64	8.52	2.11
2	Ondeck	中小企业	9.91	1.53	(0.14)
	点牛金融		1.3	0.070	(0.001)

数据来源：零壹数据整理自公开渠道。

（二）风险投资与并购

1. 网贷领域

过去几年，中国涌现出了数量最多的网贷机构，中国网贷机构所获风投规模首屈一指。

首先是 P2P 网贷行业。据零壹数据不完全统计，截至 2017 年 12 月 31

日，国内P2P网贷行业融资事件共计330起，248家P2P网贷平台获得融资，总额在573亿元左右。图4－4列出了各年度网贷行业的融资情况，2015年以前P2P行业获得融资的事件较少，且多为天使轮和A轮投资；2015年风险资本加码，当年融资案例和融资金额分别达到114起和185亿元；2016年融资笔数共121起，同比增加7起，而融资金额达到238亿元，同比大幅增长了28.6%；2017年，风险投资笔数同比减少66.9%，减少至40起，融资金额仅90亿元，同比减少62.1%；融资笔数与融资金额降幅相近表明2017年P2P网贷融资结构已与上年接近，数据表明，2017年亿元以上融资总额占到全年的94%，上年这一数据为91%。

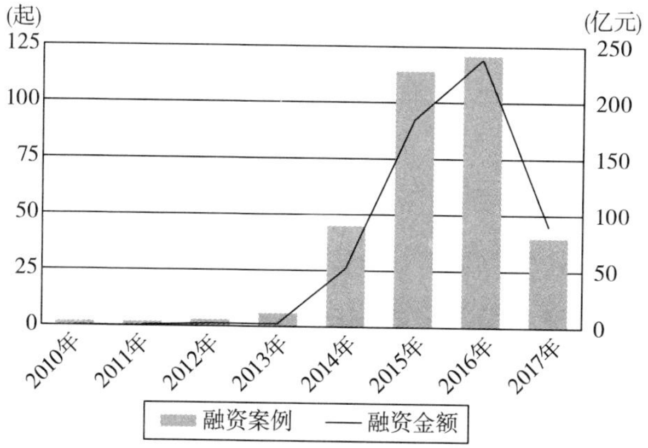

图4－4　历年中国P2P网贷融资规模

资料来源：零壹数据。

除P2P网贷外，网贷行业内其他细分领域也获得了规模超过百亿元人民币的风险投资。据零壹数据不完全统计，仅2016—2017年，非P2P网贷形式的网贷服务公司至少获得了55笔风险投资，其中18笔风投金额超过1亿元人民币，如表4－4所示，12笔风投资金由助贷公司/平台获得，包括我来贷、趣店、乐信、买单侠等知名现金贷平台。

从风投资金的利用率来看，投资助贷和P2P网贷公司是较为成功的，这两个领域中产生了一些高营收和高利润的“巨头”型公司，部分网贷平台的上市也使得一些股权投资基金得以顺利退出。对于其他网贷细分领域，如提供导流服务的贷款超市，提供技术服务的公司，为网贷行业提供资讯、研究服务的行业第三方等，目前尚未形成寡头市场，变现能力强的公司较为罕有。

表4－4　单笔获投亿元以上的网贷公司（非P2P网贷）

序号	获投公司/平台	主要业务	注册地	融资轮次	融资金额	投资方	融资时间
1	分期乐	消费分期	深圳	D	2.35亿美元	华晟资本、共建创投、一家保险机构	2016年6月
2	我来贷	助贷	深圳	战略投资	15亿元人民币	阿里巴巴香港创业者基金、IFC国际金融公司、瑞士信贷、建银国际	2017年11月
3	随手科技	记账、理财、贷款	深圳	C	2亿美元	KKR集团	2017年9月
4	我来贷	助贷	深圳	B	10亿元人民币	马来西亚国家主权基金、马来西亚国库控股公司	2016年1月
5	趣店	助贷	北京	E	10亿元人民币	未透露	2016年1月
6	趣店	助贷	北京	Pre－IPO	10亿元人民币	未透露	2016年7月

续表

序号	获投公司/平台	主要业务	注册地	融资轮次	融资金额	投资方	融资时间
7	马上金融/马上消费金融	小额贷款	重庆	B	9.1 亿元人民币	物美、重庆百货、中关村科金、重庆银行、趣艺文化	2017 年 7 月
8	乐信	助贷	深圳	D	1 亿美元	华晟资本、共建创投（CoBuilder Partners）、国内大型保险机构	2016 年 6 月
9	买单侠	助贷	北京	战略投资	5 亿元人民币	京东、弘毅投资	2017 年 3 月
10	用钱宝	助贷	北京	C	4.66 亿元人民币	国科嘉和、源码资本、创新工场、光信资本	2017 年 3 月
11	趣店	助贷	北京	G	3.75 亿元人民币	国盛金控	2016 年 10 月
12	雨点金服	贷款超市、互联网保险	上海	B	2 亿元人民币	中航信托、红杉资本中国、复朴投资	2016 年 12 月
13	浅橙科技	技术服务	上海	B	2 亿元人民币	天图资本、51 信用卡	2017 年 7 月
14	用钱宝	助贷	北京	B+	1.56 亿元人民币	光信资本、源码资本、洪泰基金等	2016 年 6 月
15	群星金融	助贷	上海	B+	1.5 亿元人民币	曦域资本	2016 年 5 月
16	雨点金服	贷款超市、互联网保险	北京	A	1.13 亿元人民币	红杉资本中国、英诺天使基金	2016 年 2 月
17	花生金融	助贷	上海	B	1 亿元人民币	光大瑞华	2016 年 1 月
18	元宝铺	助贷	杭州	B	1 亿元人民币	腾讯领投	2016 年 3 月

数据来源：零壹数据。

除中国外，美国、印度、英国、澳大利亚和德国网贷行业所获风险规模居世界前列。据零壹数据不完全统计，2016—2017 年，美国网贷行业至少获得24笔风险投资，对应金额达到52.2亿元，低出中国84%；印度获投36笔，由于融资轮次相对靠前金额相对较小，融资总额22.0亿元，低出美国58%；英国、澳大利亚和德国两年间分别获得6例、5例、4例投资，相应金额分别为9.3亿元、10.1亿元和5.2亿元。

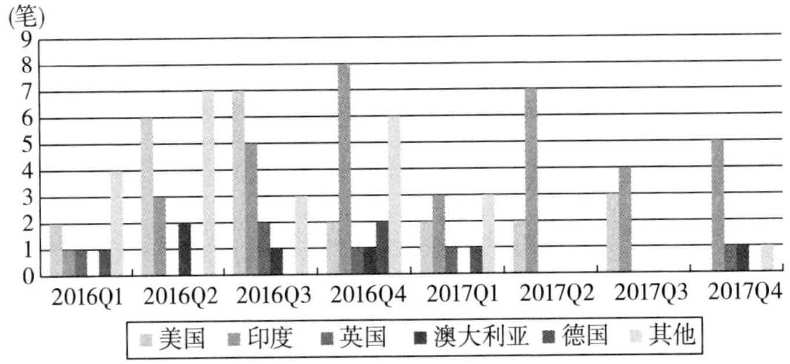

图4-5　海外网贷公司获风投笔数（2016—2017年）

资料来源：零壹数据。

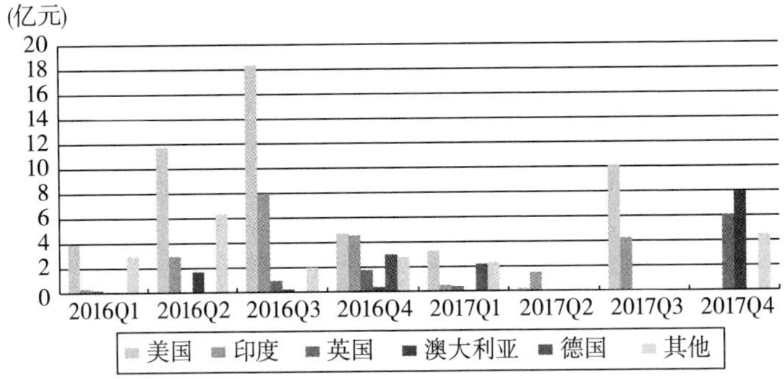

图4-6　海外网贷公司获风投金额（2016—2017年）

资料来源：零壹数据。

2. 互联网众筹

据零壹数据不完全统计，2016—2017 年，全球互联网众筹行业共获得 39 笔风险投资，对应约 21. 8 亿元人民币。获投金额超过 1 亿元的国家包括中国、以色列、美国和英国，中国最高达到 10. 7 亿元，其余国家众筹所获风投规模如表 4 –5 所示。

表 4 –5　全球互联网众筹所获风险投资规模（2016—2017 年）

序号	国家	风险投资笔数	获投金额（亿元）
1	中国	25	10. 7
2	以色列	1	4. 8
3	美国	4	3. 4
4	英国	1	1. 5
5	德国	1	0. 5
6	日本	1	0. 4
7	印度	3	0. 3
8	澳大利亚	2	0. 2
9	新西兰	1	0. 1
10	总计	39	21. 8

注：众筹业务占比很小的综合服务公司未被纳入统计，如京东金融、36Kr 等。
数据来源：零壹智库。

零壹数据统计了 2016—2017 年前全球互联网众筹金额超过 1 亿元人民币的风投案例，如表 4 –6 所示，6 例风险投资由中国公司获得，开始吧占 2 例。除中国外，以色列、美国、英国亿元以上风投亦被收录至“2016—2017 年全球互联网众筹获风险投资金额 TOP10” 榜单。OurCrowd 是世界知名的股权众筹平台，除帮助初创公司募集资金外，OurCrowd 也作为出资方参与投资。据零壹数据统计，截至2018年6月末，OurCrowd累计筹资了7.5亿美元资金，拥有160个投资基金，注册投资人2.5万名，投资人分布于全球112个国家。

表4－6　2016—2017年全球互联网众筹获风险投资金额TOP10（按金额降序排列）

序号	获投公司/平台	注册地	融资轮次	融资金额	投资方	融资时间
1	OurCrowd	以色列	C	0.72亿美元	未透露	2016年9月
2	Classy	美国	C	0.3亿美元	JMI Equity	2016年11月
3	开始吧	中国	C	1.9亿元人民币	云锋基金、晟道投资	2017年8月
4	水滴公司	中国	A	1.6亿元人民币	腾讯、蓝驰创投、创新工场、高榕资本、IDG资本、美团点评、彤程公益基金会等	2017年8月
5	Property Partner	英国	B	0.159亿英镑	OctopusVentures	2016年3月
6	轻松筹	中国	B＋	0.2亿美元	腾讯、IDG、德同资本、同道资本	2016年6月
7	PeerStreet	美国	A	0.15亿美元	Andreessen Horowitz	2016年11月
8	一米好地	中国	A	1亿元人民币	中南资本	2016年8月
9	因果树	中国	B	1亿元人民币	保利资本	2016年10月
10	开始吧	中国	B	1亿元人民币	昆仑万维	2016年6月

注：众筹业务占比很小的综合服务公司未被纳入统计，如京东金融、36Kr等。
数据来源：零壹智库。

美国的Classy是一家为社会公益组织提供融资服务的平台，筹集资金用于社会公益事业。从项目来源看，中国的腾讯公益和蚂蚁金服公益平台与Classy较为接近，与公益组织合作而非资金最终运用方，主要优点是减小众筹运营平台的项目审核压力，同时有效减小资金筹集者的欺诈风险。与Classy、腾讯公益、蚂蚁金服公益平台相异，还存在一种即时性筹款的公益众筹平台，以轻松筹和水滴筹（水滴公司）为代表，这类公益众筹由资金运用方自行发起申请，主要优势在于筹款效率高、惠及人群更广；但另一方面，众筹门槛较低更容易滋生风险，最为常见的是筹款人伪造资料进行欺诈，此类事件在过去两年里层出不穷，目前仅能通过众筹平台加强项目审核的方式加以控制。

三、监管

（一）现金贷管制

2017年12月1日，互联网金融风险专项整治工作领导小组办公室、P2P网贷风险专项整治工作领导小组办公室下发《关于规范整顿“现金贷”业务的通知》（以下简称《通知》），主要内容包括明确统筹监管，开展对网络小额贷款清理整顿工作；加大力度，进一步规范银行业金融机构参与“现金贷”业务；并持续推进，完善P2P网络借贷信息中介机构业务的管理；同时分类处置，加大对各类违法违规机构的处置力度。

《通知》依据银行业、非银金融、互联网金融等领域的既成法律制定，虽然《通知》的大多数内容并非首次提出，但也针对“现金贷”问题提出了一些针对性规范或建议，对现金贷业务的资金方产生较大影响，零壹智库拆解如下：

1. 对“现金贷”的定义

《通知》指出，“近期，具有无场景依托、无指定用途、无客户群体限定、无抵押等特征的‘现金贷’业务快速发展，在满足部分群体正常消费信贷需求方面发挥了一定作用，但过度借贷、重复授信、不当催收、畸高利率、侵犯个人隐私等问题十分突出，存在着较大的金融风险和社会风险隐患。”以上表述对现金贷进行了简单描述，但不够严谨、具体，细究起来，几乎所有的放贷机构都存在大量“现金贷”业务。“现金贷”的定义“瑕疵”可以理解为，一方面，现金贷业务本身不存在原罪，问题在于开展业务过程中的违规行为；另一方面，定义如果过于“精确”并不能解决现有业务的问题，监管“空子”仍将存在。

2. 现金贷业务开展的几大原则

零壹智库整理并解读如表4－7所示。

表4－7 《通知》关于“现金贷”业务开展原则的规定

简称	内容	简单解读或行业影响
（一）持牌经营	设立金融机构、从事金融活动，必须依法接受准入管理。未依法取得经营放贷业务资质，任何组织和个人不得经营放贷业务	放贷业务许可经营，实施牌照监管。由于现金贷的放贷资金主要源于持牌机构和P2P网贷平台，后者不属于放贷业务，故此条对现金贷业务无明显影响
（二）借款费率	各类机构以利率和各种费用形式对借款人收取的综合资金成本应符合最高人民法院关于民间借贷利率的规定，禁止发放或撮合违反法律有关利率规定的贷款。各类机构向借款人收取的综合资金成本应统一折算为年化形式，各项贷款条件以及逾期处理等信息应在事前全面、公开披露，向借款人提示相关风险	绝大多数的现金贷利率超出最高法“两线三区”的规定，若要求现金贷《通知》整改，现金贷利润将会大幅下降，大量现金贷平台或因此倒闭；另外，若此条强制执行，部分借款人可能因利率/费用率过高选择起诉，现金贷平台存在无法收回预计回款的风险

续表

简称	内容	简单解读或行业影响
（三）“了解你的客户”原则	各类机构应当遵守“了解你的客户”原则，充分保护金融消费者权益，不得以任何方式诱致借款人过度举债，陷入债务陷阱。应全面持续评估借款人的信用情况、偿付能力、贷款用途等，审慎确定借款人适当性、综合资金成本、贷款金额上限、贷款期限、贷款展期限制、“冷静期”要求、贷款用途限定、还款方式等。不得向无收入来源的借款人发放贷款，单笔贷款的本息费债务总负担应明确设定金额上限，贷款展期次数一般不超过2次	注重放贷人贷款适当性原则，注重KYC能力，似有借鉴美国发薪贷监管原则和方式的意思
（四）审慎经营	各类机构应坚持审慎经营原则，全面考虑信用记录缺失、多头借款、欺诈等因素对贷款质量可能造成的影响，加强风险内控，谨慎使用“数据驱动”的风控模型，不得以各种方式隐匿不良资产	很难对现金贷行业产生直接影响，征信等基础设施还有望进一步建设
（五）不得不当催收	各类机构或委托第三方机构均不得通过暴力、恐吓、侮辱、诽谤、骚扰等方式催收贷款	我国催收行业一直处于“灰色”地带，恶性催收事件多出现于第三方催收团队（备注：我国禁止设立讨债公司）。对于现金贷行业而言，电话及短信催收是主要的催收方式，软暴力、侮辱、诽谤并不鲜见。因此，催收乱象若能得以“肃清”，势必对现金贷的贷后催收带来极大压力

续表

简称	内容	简单解读或行业影响
（六）加强客户信息安全保护	各类机构应当加强客户信息安全保护，不得以“大数据”为名窃取、滥用客户隐私信息，不得非法买卖或泄露客户信息	对现金贷业务较具针对性。由于大多数现金贷申请平台无法接入央行征信系统，这些平台多借以借款人手机通信记录、社保信息、学籍信息、电商消费行为数据等作为授信依据，中间或存在滥用隐私数据的可能，也有泄露风险。此外，对于一些“大数据风控”公司将用户数据有偿销售于现金贷申请平台的行为，此条规范亦对其造成影响

数据来源：零壹智库。

3. 对开展“现金贷”业务的几类机构的管制

（1）网络小贷公司

暂停新批设网络小贷公司，暂停新增批小额贷款公司跨省（区、市）开展小额贷款业务。已经批准筹建的，暂停批准开业。属于“刹车”式举措，暂时性地为“现金贷”业务降温。此前的2017年11月21日，互联网金融风险专项整治工作领导小组下发了《关于立即暂停批设网络小额贷款公司的通知》的特急文件，要求即日起各级小额贷款公司监管部门一律不得批设网络（互联网）小额贷款公司，禁止新增批设小额贷款公司跨省（区、市）开展小额贷款业务。23日上午，央行、银监会联合召集网络小额贷款清理整顿工作会议，17个批准开展互联网小贷业务的省市金融办参会，汇报辖内网络小贷机构批设情况。

其次，要求地方金融监管部门和中央金融监管部门加强监督、督导，暂停发放无特定场景依托、无指定用途的网络小额贷款，“校园贷”和“首付贷”等再次被强调、禁止。

严格限制网络小贷公司发放贷款的资金来源，场内资产证券化等形式融资杠杆受限，基本叫停了这种方式；行业巨头，尤其是发行资产证券化产品的巨头受限明显，如蚂蚁金服、京东金融、百度金融、小米金融等。

（2）银行业金融机构

禁止银行与无放贷业务资质的机构提供资金发放贷款，禁止银行与无放贷业务资质的机构共同出资发放贷款。这一条款的威力极大，大部分“助贷”“联合放贷”被叫停。当然，网络小贷等具有放贷资质的机构仍然可以与商业银行合作贷款，后者也可以为网络小贷等提供融资服务。若与第三方机构合作开展贷款业务，不得将授信审查、风险控制等核心业务外包。

需要特别注意的是，《通知》对商业银行的投资行为也进行了限制，禁止其投资以“现金贷”“校园贷”“首付贷”等为基础资产发售的（类）证券化产品或其他产品，进一步限制“现金贷”等资金来源。

（3）P2P 网络借贷平台

P2P 网络借贷平台的“信息中介”定位意味着其并非放贷机构，以上对放贷机构“现金贷”业务的规制不适用 P2P 网络借贷平台。

不过，《通知》仍强调 P2P 网贷平台要遵守表“现金贷”业务开展的规范，包括借款费用、客户信息保护、“了解你的客户”等原则，再次强调银行业金融机构资金不得参与 P2P 网络借贷。

4. 其他

除了现金贷的业务规范以及禁止事项外，该《通知》还在操作层面上提出了一些建议，例如：

全国层面，对违法违规行为进行分类处置，各类机构违反规定开展业务的，由各监管部门按照情节轻重，采取暂停业务、责令改正、通报批评、不予备案、取消业务资质等措施督促其整改，情节严重的坚决取缔；同时，视情节由省级人民政府相关职能部门及金融监管部门依法实施行政处罚。对协助各类机构违法违规开展业务的网站、平台等，有关部门应叫停并依法追究责任。对违法违规组织和个人，各地监管部门、金融监管部门、通信管理部门和公安部门依法进行处理。

地方层面，提出四大要点，包括加强组织领导和统筹协调、引导辖内相关机构充分利用国家金融信用信息基础数据库和中国互联网金融协会信用信息共享平台、开展风险警示教育、建立举报和重奖重罚制度；对监管责任缺位和落实不力的，将严肃问责。最后，在执行上，各地应将整治计划和月度工作进展（月后5个工作日内）报送P2P网贷风险专项整治工作小组办公室（银监会），并抄送互联网金融风险专项整治领导小组办公室（人民银行）。

（二）暴力催收管制

金融科技业态的快速发展大大提高了贷款可获得性，但另一方面，借款用户由信用较好向信用较差乃至信用空白人群下沉的过程中，逾期坏账率也在攀升。在某种程度上可以说，金融科技的发展是近年来催收行业尤其是线上催收市场快速爆发的重要原因。

近两年来，暴力催收事件屡屡见诸报端，引起了监管部门的注意。在互联网金融行业的多份监管文件中，都可以看到关于催收的规则。零壹智库试列如下：

2017年4月10日，银监会发布《关于银行业风险防控工作的指导意见》，第二十九条提出“严格执行最高人民法院关于民间借贷利率的有关规定，不得违法高利放贷及暴力催收”。

2017年12月1日，互联网金融风险专项整治工作领导小组办公室、P2P网贷风险专项整治工作领导小组办公室下发《关于规范整顿“现金贷”业务的通知》，明确规定不得不当催收，各类机构或委托第三方机构均不得通过暴力、恐吓、侮辱、诽谤、骚扰等方式催收贷款。

2018年3月28日，中国互联网金融协会发布《互联网金融逾期债务催收自律公约（试行）》，对互联网金融逾期债务催收行为进行了规范性约定，催收公约共五章三十一条，主要适用于规范互联网金融逾期债务催收行为，确立了遵纪守法、规范审慎、保护隐私、严格自律的基本原则，从失信惩戒、业务管理、人员管理、信息管理、外包管理、投诉处理等方面作了具体规定，明确了债务催收行为的正负面清单，设定了执行与惩戒机制。催收公约列明了14条贷后催收“行为规范”，包括催收时不得骚扰无关人员、不得采用恐吓威胁等行为胁迫当事人、不得频繁骚扰当事人、不得违规收取额外费用等，严格控制了互金平台及外包催收团队的行为，避免为其他无关人员带来损害。

2018年4月16日，中国银保监会联合公安部、国家市场监督管理总局、中国人民银行印发了《关于规范民间借贷行为　维护经济金融秩序有关事项的通知》，文件指出，近年来，民间借贷发展迅速，以暴力催收为主要表现特征的非法活动愈演愈烈，严重扰乱了经济金融秩序和社会秩序。要求各有关方面要充分认识到规范民间借贷行为的必要性和暴力催收的社会危害性。

整体来看，监管层较为重视暴力催收问题，对互联网金融逾期债务催收行为进行了比较细致的规范。但考虑到当前催收行业的现状，还是存在催收分散、违规催收难以取证、监管成本较高等客观障碍。

（三）P2P网贷高门槛备案

继2016年8月24日银监会发布《网络借贷信息中介机构业务活动管理暂行办法》，银监会分别于2016年底和2017年初发布了《网络借贷信息中介机构备案登记管理指引》和《网络借贷资金存管业务指引》。截至2017年8月24日银监会发布《网络借贷信息中介机构业务活动信息披露指引》，网贷监管的“1+3”体系（即一个办法，备案、存管、信披三个指引）终于完成。

“3体系”中，网贷备案是重中之重，也是所费成本最高的部分。2017年12月，P2P网贷风险专项整治工作领导小组办公室向各地P2P网络借贷整治联合工作办公室下发了《关于做好P2P网络借贷风险专项整治整改验收工作的通知》，对网贷备案时间线、流程和其他事项作出具体要求。从这份通知来看，银监会给网贷风险专项整治的时间周期是半年左右，中间各地执行机构需要在2018年6月底前完成整改验收与备案登记工作。

2018年3月底，互联网金融风险专项整治工作小组下发《关于加大通过互联网开展资产管理业务整治力度及开展验收工作的通知》（即“29号文”），该份通知除了“持牌经营”要求外，还提到“未经许可不得以‘定向委托计划’‘收益权转让’等方式公开募集资金”等问题，明确“定向委托”“定向融资”“收益权转让”等行为为非法金融活动。以上违规业务未清零前的网贷平台不予备案，对于存量违法违规业务未化解完成的互联网资产管理机构，不得对其实际控制人或股东投资设立的网贷机构予以备案登记。

实际执行过程中，由于存在以下障碍，P2P网贷的备案工作推进困难。

- 各地备案政策差别较大，备案进程无法同步进行

P2P网贷行业地域分布不均，在银监会《网络借贷信息中介机构备案登记管理指引》的指导下，各地监管部门针对辖区内网贷行业的发展情况和存在问题各自制订了备案登记原则，客观上造成各地备案工作统一推进存在困难。

- P2P网贷机构数量较多，工作量大

相较于全国数千家P2P网贷平台而言，负责处理备案登记的省级（或自治区、直辖市、计划单列市）人民政府金融监管部门数量较少，再考虑到各地备案登记政策发布晚、备案流程较烦琐、审核资料较多等因素，2018年上半年前完成备案尚有难度。

- 违规业务整改客观上需要较长时间

P2P网贷平台准备备案登记压力重重，首先，当地金融监管部门正式的网贷备案文件未发布之前，政策不确定性强；进一步看，备案原则确定后，如果网贷平台违规点多、违规业务量大、自身处理存量违规业务速度慢，短时间亦难以完成备案工作。

2018年4月，各地陆续传出备案延期消息；2018年6月，中国银保监会普惠金融部主任李均锋在公开发言时表示，网贷备案在2018年年内无法完成。具体时间尚无官方消息，可以预见的是，网贷备案登记截止期限越晚，对P2P网贷平台合规要求越高。

四、总结与展望

近年来，金融科技的创新发展有力地拓宽了实体经济的融资渠道，也提供了改善资本筹集方式的新视角。

网络小贷公司、P2P网贷公司、股权众筹以及其他金融科技平台的兴起直接提高了融资可获得性，这些机构基于互联网获取借款用户，不断降低社会融资门槛。在新兴机构市场规模持续扩大的同时，它们也在一定程度上改变了中国的金融系统——使得投融资产品具有多样性，向传统金融机构输送精准获客、智能风控等技术或理念，这些趋势或多或少地影响了传统金融行业。

我们观察到，尽管金融科技机构并未颠覆传统金融机构，但后者已然积极拥抱金融科技。银行业机构在零售业务上积极拥抱互联网，公募基金全面拥抱互联网，传统金融机构通常设立或以入股的方式参与互联网金融平台的设立，互联网银行相继开立，业绩“亮眼”。

承认金融科技变革了存贷款与资本筹集方式的同时，也要认识到其负面影响。过去几年里，部分P2P网贷平台以及假借P2P网贷之名的非法吸收存款、集资诈骗事件层出不穷，大量投资人因此遭受损失。而在资产端，新兴机构吸纳了大量次级贷款，贷后环节中暴力催收并不鲜见。这类债权最终大量由风险承受能力一般的投资人承接，也会造成社会不稳定。

近年来，新兴金融机构滋生的风险正在加速暴露，监管态度由早期的鼓励创新转向严格规制，事后监管难度可见一斑，截至2018年上半年末，互联网金融风险专项整治活动持续两年未正式验收，网贷备案业已延期，新设网络小贷公司临时叫停，互联网非公开股权融资管理办法仍未定稿。

金融科技存贷款与资本筹集公司的未来需要面临监管和市场的双重考验，一是部分新兴机构如P2P网贷平台难以得到监管认可；二是存量债权质量不明以及未来大面积坏账爆发的可能。

第 5 章

互联网保险

2017 年，中国全行业实现原保费收入 36581.01 亿元，保险深度（原保费收入与 GDP 的比值）为 4.42%，比 2016 年的 4.16%，微升 0.26 个百分点。国务院 2014 年 8 月印发的《国务院关于加快发展现代保险服务业的若干意见》（业内称为新“国十条”）规划到 2020 年将保险深度提高到 5%。而据瑞士再保险数据，美国 2016 年保险深度为 7.3%。可见，尽管中国保险深度在逐年提高，但是与美国相比，市场空间仍然有待进一步挖掘。互联网保险或许不失为提升中国保险深度、深挖中国保险市场的一种选择。

从实务情况看，中国的互联网保险确实具有较大潜力。但在 2011 年以前，市场上还没有出现单独的规范性文件正式对互联网保险提出监管上的要求。2015 年 7 月,《互联网保险监管暂行办法》出台后，互联网保险开始进入规范监管时代，文件对经营主体、经营方式、自营网络平台条件、三方网络平台条件、经营险种、信息披露、经营规则等主要方面均做出了较为明确的要求，为互联网保险的规范提供了依据。2015 年9 月出台的《关于深化保险中介市场改革的意见》，推行了独立代理人制度，为第三方平台开辟了广阔空间。进入 2016 年，监管政策更加规范和严格，利于行业长久健康发展。

一、概述

（一） 互联网保险及其概念

互联网保险发展具有良好的市场背景。

一方面，电子商务日臻成熟，为互联网保险奠定了较好的客户基础和互联网保险需求。中商产业研究院发布的《2018—2023 年中国电子商务行业市场前景及投资机会研究报告》数据显示，随着电商商务行业的逐步完善，预计2018 年中国电子商务交易规模将达到 28.4 万亿元，同比增长为17.8%。随着中国电商市场日臻成熟，网购占比不断提高、网购用户日渐增加，这在客观上为互联网保险提供了较好的客户基础和现实需求。

另一方面，保险中介渠道发展日渐乏力。从历史数据看，中介渠道一直是保险销售的最主要渠道，中介渠道主要包括专业代理（保险专业代理机构、保险经纪机构、保险公估机构等）、兼业代理（以银邮机构为主，还包括汽车类企业和其他类机构）和营销员渠道。但由于传统中介渠道竞争愈发激烈、成本较高、代理人队伍逐渐饱和、银邮渠道受政策影响且服务较差的因素，传统中介营销渠道增长乏力，占总保费收入比例从2011年起逐年下滑，为互联网渠道等提供了发展机会。此外，“互联网+”经济的成长，居民杠杆率的提升，用户习惯的改变，中青年消费人群的崛起，也促进传统保险向互联网渠道和保险科技方向发展。

从宏观背景而言，GDP总量的提升、居民资产配置向金融资产转移，中国保险市场深度亟待开发，又加之互联网浪潮的席卷等因素，一方面保险消费需求在上升，另一方面传统保险产品设计上不能满足人们的保障需求，互联网环境下核保定价和理赔服务的很多痛点可以得到解决。因此，在科技铺设的底层技术上的互联网保险应运而生。

关于互联网保险的概念，目前学界和业界尚未统一界定。理解互联网是理解互联网保险的关键，互联网不断发展的作用形式也使互联网保险的内涵不断演进。一般而言，作为媒介的“互联网+保险”是最早也是最被广泛接受的一种定义，我们将其称为“互联网保险1.0”。这个意义上的互联网保险，是将传统的保险产品在线上进行销售的保险业态。“互联网保险2.0”则将互联网看作“作为生态的互联网”，不仅将互联网当作销售媒介，而是将保险与互联网生态相耦合，依托于互联网生态中的各个场景提供相应的保险产品。这种意义的互联网保险以众安保险最为典型，其开发的依托于淘宝的“运费险”取得了巨大的成功。而正在演进中的“互联网保险3.0”则回归了互联网作为一种技术的本源，但是这里的技术不是简单的互联网本身，而是依托于互联网生态所发展起来并为保险赋能的一整套技术，是包括大数据、云计算、区块链、人工智能等科技的有机整体。在这个意义上，我们可以将其与流行的保险科技（InsurTech）画上等号。

互联网保险各代的逐次演进不意味着后者对前者的替代，而是后者在前者基础上的丰富和发展。从保险价值链模型来分析，“互联网保险1.0”是在保险产品营销环节上与互联网相融合，而互联网保险2.0则进一步拓展到保险产品开发，互联网保险3.0时代则是互联网与保险价值链的全方位融合，并且独立出数据和技术两个新的价值链节点，为保险企业带来新的利润增长点，同时也为保险行业的发展带来了全新的机遇。

本书对互联网保险界定采用原保监会《互联网保险业务监管暂行办法》（保监发〔2015〕69号）的表述：“互联网保险业务，是指保险机构依托互联网和移动通信等技术，通过自营网络平台、第三方网络平台等订立保险合同、提供保险服务的业务。”

（二）持牌机构互联网保险发展情况

中国对保险类业务实行牌照管理，根据《保险法》，包括保险公司、保险经纪机构、保险专业代理机构都需要向监管部门申请牌照。《互联网保险业务监管暂行办法》将上述机构称为保险机构。

从保监会官网披露从事互联网保险业务的保险机构类型分布来看，保险中介机构是主体，特别是保险经纪机构。由图5-1可知，持有保险公司（包括传统保险公司和互联网保险公司）牌照的保险机构占比40%，共145家，其中传统保险公司141家，持有互联网保险公司牌照的保险机构4家。保险中介机构占比为60%，共340家，其中专业保险代理机构99家，保险经纪机构241家。

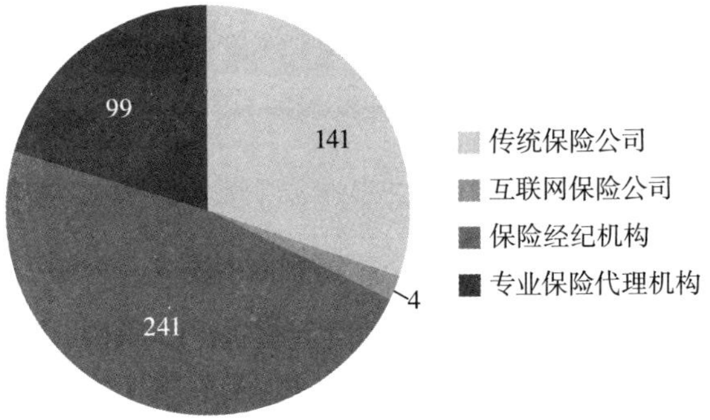

图 5-1　披露从事互联网保险业务的保险机构类型分布

资料来源：银保监会，截止时间为 2018 年 6 月。

基于以上分析，以持牌保险机构为主体，携带互联网基因，开展互联网业务的以下 4 个类型：传统保险公司、专业互联网保险公司、保险经纪机构和保险代理机构。从另一个角度出发，以互联网企业为主体，携带保险场景的流量入口，为开展互联网保险业务非持牌机构。

持牌机构开展互联网保险主要着力点在于营销模式方面，因此，接下来我们将重点介绍 4 类机构开展互联网保险的营销模式。

1. 传统保险公司

官方网站直销模式即传统保险公司通过建立自主经营的电子商务平台，实现展现自身品牌、拓展销售渠道、增强客户体验等目的的电子营销方式。

保险公司官网直销模式在国外发展比较普遍，几乎所有的保险公司都有官网直销渠道。国外车险、健康险官网直销渠道更为普遍。在保险公司官网直销平台上，保险产品一目了然，服务流程完整，用户的体验很受重视。

目前，国内几乎所有的大中型保险公司都自建了网站，其营销模式如图

5－2 所示。用户通过官网、APP 获取保险信息之后，经过筛选和过滤，之后在线完成投保。如果发生出险事件，用户再在线填写，或者在保险顾问的帮助下进行线下定损，完成核保和理赔，或者实现分红和续保。在这样的模式下，用户需求能够在线生成数据，便于及时观察市场动向。

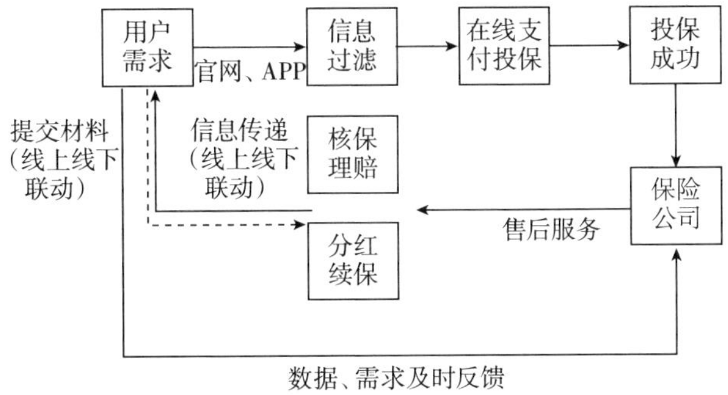

图 5－2　国内大中型保险直销网站的营销模式

资料来源：零壹智库。

官网直销有优势之处，传统大型保险公司由于经营时间较长，客户下沉时间长，忠诚度和认可度都较高。保险公司可以在线挖掘用户数据，得知用户需求，这种操作模式比线下省时省力。此外，在此基础上，保险公司可以对市场投放进行调整，进行产品创新，在核保理赔服务上推出直赔远程定损等个性化理赔服务。当然，弊端也十分明显：一是创新程度较低。总体看来仍然是线下到线上的复制版本，官方网站产品与传统保险公司线下产品同质化，利用率较低，售后理赔环节仍需转移至线下。除此之外，还会抢占线下渠道资源。二是流量不足。在大规模投入的基础上，事实上的业务增长不可观，投入产出比效率低。

2. 专业互联网保险公司

在持牌保险公司中，目前只有 4 家公司是原保监会批准的全国性专业互联网保险公司，分别是众安保险、泰康在线、安心保险和易安保险。

与传统保险公司相比，互联网保险公司在资本、品牌和线下服务能力稍有逊色。此外，从险种上来看，传统保险公司占据了高价值的寿险。传统保险公司牌照与专业互联网保险公司牌照差异体现在经营地域范围上。根据《互联网保险业务监管暂行办法》持有传统保险牌照的保险公司跨省经营必须首先在该区域设立分公司，分支机构不得跨省经营保险业务，新保险公司 2 年内只能在省内开展业务；持有互联网保险牌照的机构对规定内的险种，可在全国范围内经营，无须事先设立分支机构。

（1）营销模式

专业互联网保险公司高度依赖场景，即保险供给者与消费者可以基于某一特定场景而形成互动。保险公司通过在各个场景中的互动成为客户生产生活行为的参与者，风险管理服务可以做到无微不至，可以实现碎片化保险产品的推送与投放。在网络时代，保险产品的碎片化是一个重要的发展倾向。例如，当前现实中的政策是保监会规定万能险不允许再进行组合销售，那么现有的产品和组合能不能打碎销售呢？当然可以，但前提是只有网络化才能弥合产品碎片化后的管理成本，如在互联网上，健康险可能只保某一种疾病，意外险则会做成几种特定风险的组合，既便宜又方便。

专业互联网保险公司的营销模式如图 5－3 所示。用户通过场景，如购物、支付、旅游和汽车出行等，获得保险产品附加展示，再链入相关页面，完成支付和投保。此处的场景平台作为第三方平台与互联网保险公司形成合

作关系，多数情况下，场景平台是保险公司与用户之间的保险兼业保险代理平台，互联网保险公司再通过场景为用户提供产品与服务、

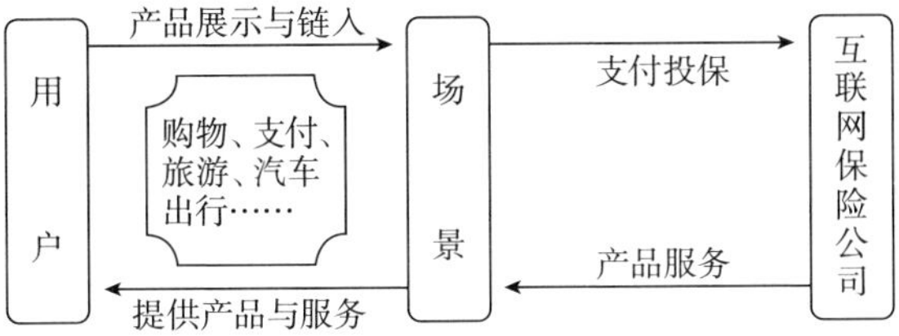

图5-3　专业互联网保险公司营销模式

资料来源：零壹智库。

目前，网络上的场景化互联网保险不过是刚刚窥到了场景化的门径，尚处于萌芽阶段，存在的问题主要有以下几方面：

第一，过度依赖某些产品或平台，如众安在线对阿里的依赖，对退货运费险的依赖；

第二，多场景下参与各方衔接的问题，保险的复杂性导致场景化的互联网保险经常难以获得多个参与方的有力支撑；

第三，噱头性的、失败的场景化创新比较多，可能会引动更严苛监管政策的出台，如雾霾险、赏月险、加班险等；

第四，市场产品同质化严重。以现在网销的保险品种来看，目前互联网保险的主力险种为车险、万能险和短期意外险等标准化产品；

第五，营销渠道的场景化得到了重视，但产品和服务的场景化的意义和价值还没有得到足够的关注。

（2）四家持牌互联网保险公司近况

在持牌保险公司中，目前只有4家公司是原保监会批准的全国性专业互联网保险公司，其中，众安保险成立于2013年，是第一家专业互联网保险公司；泰康在线和安心保险都成立于2015年；易安保险成立于2016年。

从2017年原保费收入来看，众安财险无疑占据了头把交椅，是第二名泰康在线的近4倍，而后者又是安心和易安的近2倍。从增速来看，四家表现都不俗，规模较大的众安在线也有约75%的增速，易安保险和安心财险原保费规模相近，但增速差距悬殊。

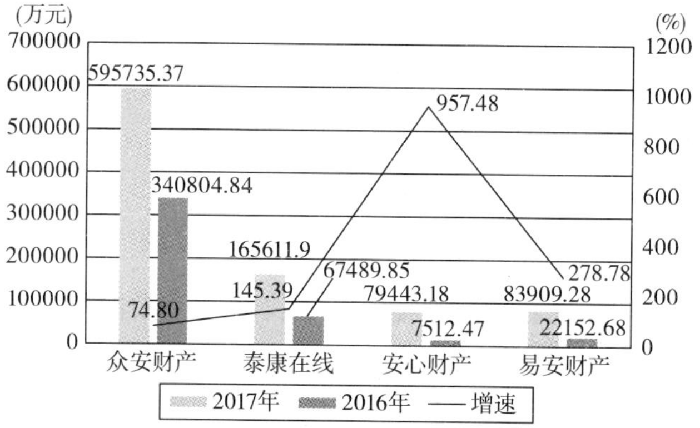

图5-4　4家专业互联网保险公司2016—2017年原保费收入

资料来源：保监会。

表5-1　4家互联网保险公司的最新发展情况

公司名称	众安保险	泰康在线	安心保险	易安财险
成立时间	2013年10月9日	2015年11月8日	2016年1月18日	2016年2月16日
注册资本	12.4亿元	10亿元	10亿元	10亿元

续表

公司名称	众安保险	泰康在线	安心保险	易安财险
定位	互联网保险公司	“互联网生态经营+自有平台+整合泰康资源”三大战略方向	与大型互联网平台合作，并为一些大型电商平台做产品研发	提供“少而精”的服务，打造“轻资产+蜂巢组织”结构下的产品经理负责制商业模式
牌照	互联网保险牌照、车险牌照	互联网保险牌照、车险牌照（在牌照上与泰康人寿互补）	互联网保险牌照、车险牌照	互联网保险牌照
资本构成	阿里持股20%、平安、腾讯分别为15%，三家资本持股占比近50%	泰康人寿保险股份有限公司99%、泰康资产管理有限责任有限公司1%	玺萌置业15%；通宇世纪14.5%；洪海明珠14.5%；中诚信14%等	银之杰15%；光汇石油15%；银必信资管14%等
业务	与互联网交易直接相关的企业家庭财产保险、货运保险、责任保险、信用保证保险；短期意外伤害险；机动车保险；上述业务的再保险分出业务；国家法律、法规允许的保险资金运用业务；保险信息服务业务；经中国保监会批准的其他业务	背靠泰康人寿，围绕集团“活力养老、高端医疗、卓越理财、终极关怀”的商业模式，转型互联网保险	主打差异化险种的“微创新+迭代”模式，特色险种包括天气保险、公交车延误险等	与互联网交易直接相关的企业与家庭财产保险、货运保险、责任保险、信用保证保险业务，以及相关再保险和保险资金运用业务

续表

公司名称	众安保险	泰康在线	安心保险	易安财险
主要产品	宝骉车险、尊享e生、银行卡盗刷资金损失险、途虎轮胎险、小咪手机意外险、个人法律费用补贴险	乐业保、微互助、癌情预保险	家庭财产盗抢险、家庭财产水暖爆裂险、网络支付险	易安居家庭财产保障险、理财保

数据来源：零壹智库。

具体而言，4家经营范围都包括：（1）与互联网交易直接相关的企业/家庭财产保险、货运保险、责任保险、信用保证保险、短期健康/意外伤害保险；（2）机动车保险，包括机动车交通事故责任强制保险和机动车商业保险；（3）上述业务的再保险分出和再保险分入业务（仅限临时分保分入）；（4）国家法律、法规允许的保险资金运用业务；（5）经中国保监会批准的其他业务。此外，众安在线的经营范围还包括“保险信息服务业务”，泰康在线的还包括“与互联网保险相关的技术服务和咨询服务”，安心保险还包括“工程保险（仅限家庭装修工程保险）”。

4家专业互联网保险公司的特点反映了监管层对于专业互联网保险公司不成文的定位。这4家都是财产保险公司，可经营财险（主要为短期业务）和短期健康险；都专营“与互联网交易直接相关”的险种；经营区域上都是全国性（不含港澳台）保险公司，不设分支机构。这一方面反映了监管层希望专业互联网保险公司突出优势，“专业人做专业事”，避免与传统保险公司正面竞争；另一方面，也在某种程度上对互联网保险公司的风险进行了控制，特别是目前只批准从事短期的财险业务，限制了互联网保险公司从事具有长期性储蓄性的寿险业务，在险资运用上就限制了其投资于长期限品种，避免了互联网保险公司和前期某些人寿保险公司一样通过万能险、投连险等品种大肆扩张保费规模，投资风格激进带来的风险。

3. 保险经纪机构

保险互联网搭售平台分为综合销售类的保险超市或者保险特卖平台；垂直类的销售平台以及比价平台。有牌照的可以理解为就是互联网经纪公司；没有牌照的主要以比价、咨询等方式为保险公司导流。这里我们主要分析有牌照的互联网经纪公司。

专业第三方互联网保险机构交易模式，起到纽带的连接作用，一方面，为用户提供尽可能丰富的产品，并衍生出产品优化组合，个性定制，协助理赔等深度的服务；另一方面，能够拓宽带动传统保险企业的销售渠道，加强产品创新、监督理赔服务，促进传统企业产品、服务的良性竞争，为构建互联网保险的生态环境贡献了较大的力量。截至2017年底，保监会登记的保险经纪机构有241家。

保险经纪机构发展经历了三个阶段，第一个阶段作为信息平台，主要功能是引流代销。这一阶段，保险经纪机构是最初的发展模式，线下产品直接复制到线上，处理较少，以引流为主。第二个阶段作为渠道平台，在引流代销的基础上新增附加服务，如竞品分析和理赔咨询等。第三个阶段作为综合服务平台，在前两者的基础之上，为用户提供风险评估、理赔协助等一站式保险综合服务。目前，有些平台在自身的数据挖局、用户掌握的基础上，已经尝试开发特色产品。

到第三阶段，保险经济机构的营销模式如图 5－5 所示。保险经纪机构，作为信息平台、渠道平台和综合服务平台联系连接互联网保险公司和用户。

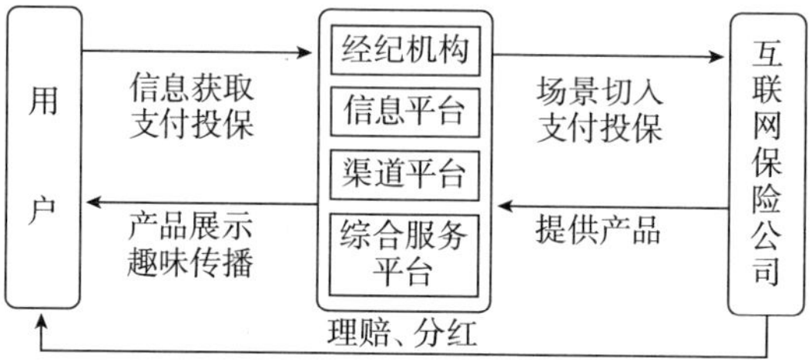

图 5－5　保险经纪机构营销模式

资料来源：零壹智库。

4. 保险代理机构

中国 2015 年版的《保险法》对保险代理人的定义是："根据保险人的委托，向保险人收取代理手续费，并在保险人授权的范围内代为办理保险业务的单位和个人。"保险代理人有多种分类方式，中国采用按其组织形式的方式进行划分，具体包括专业保险代理人、兼业保险代理人和个人代理人（即保险营销员）三大类。前者是为提供保险代理服务，专门成立的保险代理公司及保险销售公司。兼业代理人指在进行本身业务之外，接受保险公司的委托，并安排专门的人员为其进行代办保险业务的机构，如银行、车行、邮政机构、证券公司、物流企业、旅行社等。个人代理人是指在保险公司的授权范围内，为保险公司与投保人办理保险业务，并从中获取手续费的个人。

互联网环境下，针对保险专业代理平台、保险兼业代理平台和个人代理具有不同的方式。由于保险代理机构和保险经纪机构互联网保险销售模式大同小异，在这里不单独进行分析。

（1）专业代理平台

专业的中介代理除了对资本金、网络系统安全性等多方面提出要求外，还须申请网销保险执照，较网络兼业代理模式更加安全可靠。专业中介代理网站做大做强之后能吸引庞大客流和现金流，利用保险风险数据、算法模型以及基于大数据的分析进一步加强自身的产品和价格优势，并进一步获得与合作保险公司深入合作的机会（包括压低成本、截留保费现金和导流收益）。

（2）兼业代理平台

网络兼业代理模式，以其门槛低、程序简单、对经营主体规模要求不高等特点而受到普遍欢迎，逐渐成为目前互联网保险公司中介行业最主要的业务模式之一。

保监会下发的《保险代理、经纪公司互联网保险业务监管办法（试行)》文件规定，只有获得经纪牌照或全国性保险代理牌照的中介机构才可以从事互联网保险业务。大量垂直类的专业网站由于不具备上述监管要求，便以技术服务形式使用兼业代理的资质与保险公司开展合作业务。

兼业代理平台包括具有场景优势的平台，如以携程、旅游公司为代表的航意险；也包括传统公司的互联网平台，如银行保险渠道；最后也包括具有流量优势的电商平台或者门户网站，如淘宝和京东保险。

（三）非持牌机构互联网保险发展情况

互联网生态中培育的各类技术与天生依赖于数据的保险业有极佳的契合点。与持牌机构不同，非持牌机构不直接作为互联网保险产品的开发和销售主体，而是作为第三方为持牌机构提供专业化服务，促成消费者与持牌机构的连接。目前，为满足监管要求和未来业务的发展需要，亦有一些头部第三方公司申领了牌照，但不影响这里的分析。

非持牌机构在互联网保险产业链、中端、后端以及底层技术铺设上起到极大作用。

在前端，非持牌机构利用自己的流量与场景优势，增加互联网保险的渠道入口。在中端，移动展业核保核赔能够实现产品展示、信息采集、基础数据分析和对接公司后台，兼具技术性和平台价值。在后端，非持牌机构利用自己的技术优势参与进产品设计、创新和定价环节。与此同时，由于保险科技的发展，实际上，保险产业链中的精细环节已经与技术密不可分，技术铺设占据越来越重要的作用，其中包括支付交易、社交网络、征信、大数据和云计算等基础设施的技术支持。

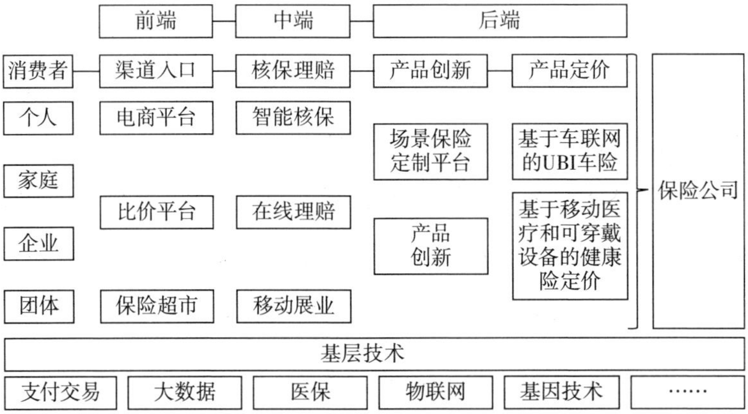

图5－6　非持牌机构介入互联网保险产业链的营销模式

资料来源：零壹智库。

1. 前端：第三方平台迅速崛起

1997 年，我国创建了最早的第三方网络保险平台——中国保险信息网，主要为保险专业人士提供保险资讯交流和最新保险知识。2006 年慧择网成立，这是第一家集保险预约购买、产品对比和垂直交易功能于一体的第三方网络保险综合平台。

目前，第三方平台主要为渠道入口分为综合销售类的保险超市或者保险特卖平台、垂直类的销售平台以及比价平台。有牌照的可以理解为就是互联网经纪公司；没有牌照的主要以比价、咨询等方式为保险公司导流。

这里我们主要分析非持牌机构。

第三方网络保险平台的服务逐渐深化。起初，中国第三方网络保险平台仅提供一些保险资讯和相关保险知识。2005 年车盟、优保网的出现，才开始真正涉及保险产品信息，并发展为专业的第三方保险网站。其保险服务逐渐细致和深化，主要体现在以下方面：一是从简单的产品细分展示、分类对比到多产品的详细对比功能，再到产品条件搜索对比功能，提供按险种分类特殊条件搜索，进而直接对比产品；二是从仅提供投保订单服务到实现所有产品支持的在线支付服务。

2. 中端：核保理赔流程优化

核保理赔与移动展业对保险公司的稳定经营有着重要作用，产品销售、损失控制、损失查助和理赔等工作是保险人的基本工作。在传统的展业模式中，一张保单通常需要 5 个工作日才能最终完成投保。保险代理人需要在公司和客户之间来回奔波，而过长的等待时间也会让客户觉得保险公司效率低下，甚至可能中途流失。而售后处理中，核保理赔耗费精力和财力。互联网和科技加持下，核保理赔流程简化，移动展业也会给保险销售带来可观改变。

（1）智能核保

简单来说，智能核保类似于一套实时的调查问卷。网上投保时，如不符合健康告知，也可根据自身实际健康状况在核保页面自助审核，即时得到核保结论，直接告诉用户能不能买，或者以什么承保方式买。

即使在某一家保险公司核保被拒，用户去别家保险公司买产品没有影响。

智能核保的优势在于，避免了过去网销保险一刀切——符合健康告知就可以买，不符合就没办法购买的情况，这样一些健康只有小问题，或已经痊愈的人，也能正常买保险。

更重要的是，能根据核保结果，进行更灵活的处理——即多家投保，利用投保的时间差，根据不同公司的反馈，从中选择对我们最有利的去购买，最大限度地获取保障。

智能核保都是在投保前完成，系统根据被保人告知的异常信息给出相关问题，被保人作答后，系统出具核保结论，如果能承保再完成投保流程。智能核保最大的优势就是在投保前用户就能知道核保结论，并且是不记名的，也不会在保险公司留下延期、拒保记录。

目前，很多保险公司根据自身的实际需要开发了智能投保系统。

（2）在线理赔

保险行业基于强大的线上线下整合能力，把技术应用于保险全场景、全服务的构建，优化理赔流程，提升理赔效率、缩短理赔周期。

例如，共享汽车和共享单车最常用到并且极为成熟的GPS定位技术，应用在保险行业尤其是理赔阶段，就可以大大提升理赔效率，甚至颠覆医疗险理赔流程。在信任机制基础上，客户报案时只要通过GPS定位系统，将所在医院的位置实时传输给保险公司即可，既节省了成本，又提升了用户体验。

此外，基于人脸识别、电子签名、OCR识别，以及镜像合成技术，把人脸、签名和信息合成了一张电子理赔申请书，理赔全程实现电子化，用户只要通过一部手机就可以完成。再结合前面的GPS定位技术，就实现了理赔申请的全线上操作流程，极大地简化了用户报案和申请理赔的步骤，缩短了受理时效。

（3）移动展业

保险展业也称推销保险单，它是保险展业人员引导具有保险潜在需要的人参加保险的行为，也是为投保人提供投保服务的行为，它是保险经营的起点。

互联网环境下，移动展业工具蓬勃发展，为展业提供了良好的条件。保险展业主要针对两类对象展开，保险代理人和保险中介公司。

①保险代理人

针对保险代理人的保险展业工具有小智保险、向日葵保险、188保险网、零零网、聚米网、车车车险等。其中有一些保险展业工具有APP，如小智保险、零零网，有一些只卖车险，如车车车险。这类保险展业平台只为个人提供服务，不支持保险中介公司或者保险代理公司使用。

②保险中介公司

针对保险中介公司的保险展业平台相对来说更加成熟，如保险界、小马云保、智联保险大师、慧保网络等。它们都有多种功能，一般功能较齐全，如保险界，它提供独特的绑定域名和微信公众号功能，还可以一键生成 PC 端和手机移动端的保险超市。

3. 后端：产品创新和定价

我国互联网保险已经步入了全面发展阶段，互联网保险产品创新对满足公众需求、降低市场准入门槛以及更新行业发展理念具有重要意义。

除去保险产品种类创新以外，同种保险的产品差别定价可以发挥保险产品创新的极大效用。保险差别定价的根据是按照不同的价格，直接把同种保险产品卖给不同的投资人；同一保险产品在不同时间、不同空间索取不同价格；针对不同的投保人群体，对保险产品做适应性调整，分别索取不同的价格。

保险差别定价是保险产品创新的基础，能鼓励、促进产品创新；反过来，产品创新又提供了差别定价的可能，也是差别定价获得良好效益的保证。

（1）产品创新—场景保险定制平台

场景保险定制平台包括两个方面的内容：场景与定制。互联网保险已经分化为平台保险和场景保险两种。与平台保险相比，场景保险的核心优势在于可以以极低的成本满足海量用户的碎片化需求。场景化的极致表现就是定制化，它是基于传统标准化保险，又有所突破。

场景保险定制平台业务流程是，平台根据渠道商提供的数据为其设计保险产品并确定价格，保险公司审查并向监管备案后承保，渠道商借道持牌的保险经纪进行自动化投保，出险后保险公司理赔，投保和理赔的数据将为各方共享。

场景保险定制平台的特点在于：用户的个人特性能够在保额档位和保费缴纳过程中直接体现出来，充分做到差异性和针对性。用户数据是动态、实时的，保险定价也可随之动态调整，相比传统保险产品而言，这一动态化设计对用户而言更具有吸引力。目前代表性的场景保险定制平台有保准牛、悟空保、量子保。其中，保准牛为百度外卖定制了“骑士保”，为ofo定制了“单车骑行保”。

（2）动态定价

UBI（Usage Based Insurance）是指基于驾驶人行为数据的差异化车险。具体而言，就是通过在标的车辆上安装一套能够通过车载诊断设备（On - Board Diagnostic，ODB）记录和发送驾驶人驾驶行为的车载通讯终端（Telematics），根据驾驶人驾驶行为习惯的风险程度从车从人确定保费。被设备记录到有超速、连续变道等危险驾驶行为的，车险定价模型将提高下一期的保费，反言之，如果一定时期内都没有检测到危险驾驶行为，车险定价模型将自动降低下一期的保费。当然，停驶阶段的保费也能够减免，对于平时开车较少的车主自然有很大的吸引力。

这一套系统对于保险公司而言可以提高保险定价的准确度，避免道德风险，降低成本。同时能够引导消费者形成安全的驾驶习惯，降低出险概率，减少保费支出。在美国，主打按行驶里程付费的Metromile融资额已达2.05亿美元（截至2017年底），此外还有龙头保险公司Progressive同样采用这项技术，综合成本率低于行业平均水平。这一领域在国内方兴未艾，主要困难在于车主对数据隐私问题的担忧，如果能够较好地解决这一问题，未来有相当广阔的前景。目前代表性公司有彩虹无线等。彩虹无线定位于前装车联网数据运营商，面向主机厂和保险公司提供服务。

基于移动医疗和可穿戴设备的健康险定价在国内运用较少。此前，小米联手众安保险推出国内首款与可穿戴设备及运动大数据结合的健康管理计划“步步保”。相比根据被保险人的年龄和性别“一刀切”的传统健康险定价原则，这款创新产品以被保险人的真实运动量作为定价依据，运动步数同时可抵扣保费。

二、资本市场

（一）公开市场

众安在线（06060. HK）于2017年9月28日在香港联交所上市，这无疑是2017年互联网保险领域最受关注的事件，众安在线也被称为“互联网保险第一股”，它刷新了国内保险机构从成立到IPO的最短时间记录。根据招股书，众安在线发行价每股59. 7港元，按此价格计算公司市值859. 63亿港元。本次发行（含超额配股）计划募集资金126. 01亿港元用于充实资本以支持业务增长。众安在线公开发售收到39. 14亿股有效申请，录得约392倍的超额认购。上市当日，众安在线开盘大涨15%报69港元，照此计算的市值接近千亿港元。2017年10月9日一度冲高到97. 8港元，之后缓慢回落，2017年最后一个交易日众安在线报收69. 30港元。

估值偏高是市场对众安在线IPO的最大疑虑。据Wind资讯，众安在线上市当日市盈率PE（TTM）高达1330倍，市净率PB（MRQ）达12.5倍。同期港股保险行业市盈率最高为中国人寿（2628.HK）27.7倍，最低为中国人保（1339.HK）8.4倍。市净率最高为保诚（2378.HK）3.0倍，最低为亚洲金融（0662.HK）的0.6倍。显然，众安在线的估值远远高于同行业水平，如果考虑到众安2017年1季度还发生了2.1亿港的亏损，这一估值水平确实容易引起市场质疑。

但是约400倍的认购倍数已经说明了市场对众安在线乃至新经济股估值的认可。如果按互联网行业的估值水平，就能够理解众安在线的高估值。同期腾讯PE为50.9倍，PB为12.8倍，从PB上来看与众安在线接近。按照以用户量论英雄的互联网逻辑，众安在线服务于4.92亿保单持有人及被保险人，众安在线的估值仍在可以接受的范围内。

投资者对众安在线的主要担忧包括以下几个方面。

一是不能尽快实现盈利。根据招股书，众安在线自2014—2016年保险业务始终处于亏损状态，综合成本率持续高于100%，而根据2017年年报，当年综合成本率上升到133%，比2016年高了28.4个百分点。众安在线还处于早期高速扩张的阶段，何时能实现盈利仍有很大的不确定性。2016年总保费收入为34.08亿元，增速达49.27%，而2017年增速则上升到74.72%，总保费达59.545亿元，但同期巨亏9.96亿元。

二是车险、健康险等新发展方向可能进度不及预期。根据招股书，众安在线拟将业务转向“具有巨大增长潜力的其他生态系统中，如健康及汽车生态……加强专注于往绩记录期利润率较高的生态系统，即健康及消费

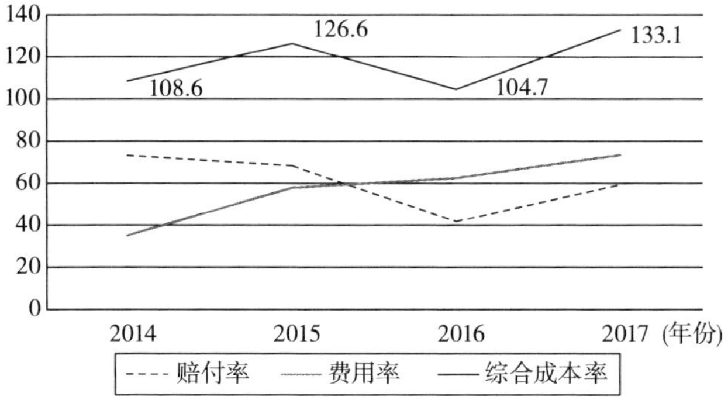

图 5－7　众安在线 2014—2017 年赔付率、费用率和综合成本率

资料来源：众安在线招股书及年报。

金融生态"①。但是，这一计划并非毫无困难。尽管健康险市场渗透率低，空间广阔，但是和其他产品相比标准化程度较低，需要对用户的教育，线上销售的效果不是十分显著。车险领域则是一个竞争激烈的市场，三大巨头牢牢占据市场份额，利润也相对较薄，众安可能并无绝对的优势。消费金融领域则容易受监管的限制。此外，众安在线打造的众安科技仍处于早期投入阶段，形成主要的盈利来源尚需时日。

三是对股东和生态系统合作伙伴的依赖过重。众安招股书称："我们依赖少数生态系统合作伙伴产生我们大部分的总保费……按总保费贡献计，来自或通过我们五大生态系统合作伙伴群平台（含阿里系——引者注）所得的总保费分别占同期总保费的 98.9%、95.3%、80.8%。"合作关系也并非独家和永久。因此，尽管众安基于生态的商业模式必然导致依赖合作伙伴，

① 众安在线招股书。

但是应当尽可能降低对少数合作伙伴的依赖程度，以避免负面影响。

（二）融资与收购

据本书不完全统计，2017 年国内互联网保险领域共发生 37 次融资事件，涉及互联网保险企业 36 家，其中保险师分别于 10 月和 12 月进行了 B 轮和 B + 轮融资。其中，场景定制保险平台有 9 家，在线保险经纪平台有 6 家。在上述融资事件中，披露融资金额的有 26 个，总融资额超过 12 亿元。[①] 在各业态中，在线保险经纪平台融资额最大，2017 年融资超过 3 亿元，展业工具融资超过 2 亿元。

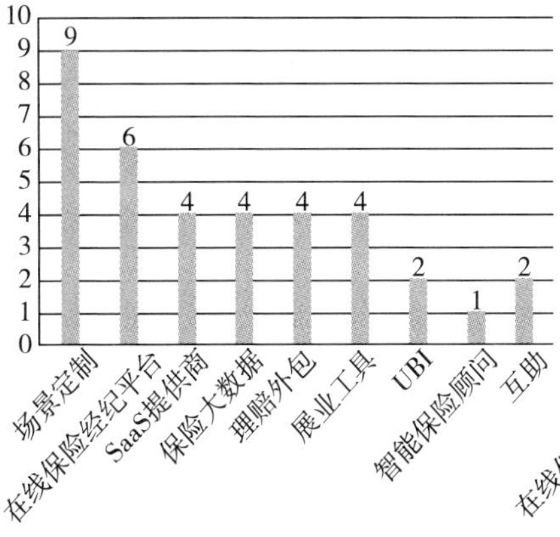

图 5－8 按业态分 2017 年融资互联网保险企业数量分布（单位：家）

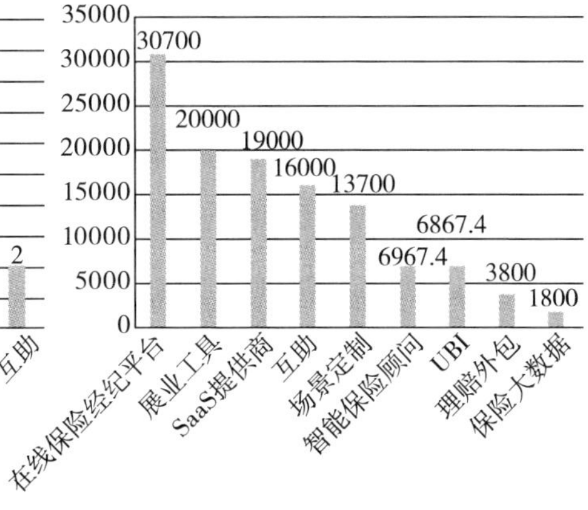

图 5－9 按业态分 2017 年融资互联网保险企业金额分布（单位：万元）

资料来源：零壹智库。

从金额上来看，在线保险经纪平台受到资本的支持力度最大，主要是因

① 表述为千万级融资的记为 1000 万元。

为这一模式存在时间较长，商业模式可行性已经较充分地被证实。场景定制虽然得到融资的企业数量多，但是总金额并不大，反映其平均融资金额有限，实际上，得到融资的这 9 家中有 7 家仍处于天使轮或 Pre - A 轮，两家为 A 轮，说明场景定制这一赛道还处于早期阶段，未来有可能出现少数几家头部公司继续获得资本支持并占领更广阔的市场。

在风险投资机构方面，共有 61 家投资机构布局保险科技。其中，国内首家金融科技孵化器 Jade Value 投资了其中 4 个项目，知名风投 IDG 和脱胎于实业的新毅资本和天士力也都投资了 2 个项目，剩余的投资机构均投资了 1 个项目。

从具体公司来看，车车车险 B 轮融资额达 2 亿元，位居 2017 年互联网保险领域融资额榜首（不含上市），中泽嘉盟领投，顺为资本、宽带资本跟投。类保险项目水滴互助 A 轮融资额达 1.6 亿元，展业工具最惠保融 B 轮融资 1 亿元，在线保险经纪平台小雨伞 B 轮融资 1 亿元，从事场景定制保险业务的保准牛 A 轮融资 1 亿元。

由于监管层收紧保险中介机构牌照，目前其他行业巨头切入保险行业主要通过收购方式取得牌照。据报道，神州优车收购了创信保险销售有限公司，从而拥有了保险中介牌照，有助于神州优车介入车险市场并与自身业务形成协同效应。① 另据报道，百度也于 2017 年 9 月收购了黑龙江联保龙江保险经纪公司，拥有了全国性保险经纪牌照。②

---

① http：//www. chinatimes. net. cn/article/70583. html。

② http：//www. cs. com. cn/ssgs/hyzx/201710/t20171020_ 5524472. html。

三、监管

保险业在负债端，连接千千万万的投保人，需要订立保险合同的双方都秉持“最大诚信原则”，在资产端，又是货币和资本市场的重要参与者，体量大、期限长的险资在成熟市场中往往能够发挥压舱石的作用。保险监管机构一方面关注保险消费者权益的保障，另一方面关注保险公司的经营风险，防止风险在保险市场内甚至金融市场间传递。对于互联网保险机构而言，也应当把为客户提供更好的保障作为宗旨，主动拥抱监管，严守合规底线。

（一）《互联网保险业务监管暂行办法》

2015 年 7 月，保监会印发了《互联网保险业务监管暂行办法》（以下简称《办法》），取代了 2011 年的《保险代理、经纪公司互联网保险业务监管办法（试行）》，构成了互联网保险业务监管的基石性文件。《办法》确立的保险总公司集中运营、放开部分险种跨区域经营、充分信息披露、保费直接转入保险人账户、费用总公司统一结算支付、鼓励创新等原则为互联网保险参与各方提供了行为准则，有效避免了风险，保障了消费者权益，促进了互联网保险行业的发展和创新。《办法》3 年有效期即将届满，未来监管有待探索的方向主要有以下几个方面。

一是复杂保险产品的监管。目前互联网保险渠道销售的主要是车险等条款相对统一或运费险等条款较为简单明了的产品，这可能导致保险公司经营的险种过于单一，不利于分散风险①。未来如何监管在互联网渠道销售的长

① 宋占军，李海燕．互联网保险风险防范与监管［J］．中国保险，2018（5）：7－10.

期寿险等条款复杂的产品，如何确保消费者能够正确理解条款含义及影响，发生争议时如何界定责任，是需要研究的。二是网上身份认定的监管。保险合同特别是寿险合同当事人较多，包括投保人、保险人、被保险人、受益人、保单持有人等，如何在匿名的网络环境中确定上述当事人都符合《保险法》的规定①，是需要保险公司和监管层共同研究的问题。三是保险科技的监管。随着保险科技在保险行业中运用越来越广泛，必须重视对保险科技的监管。例如，如何界定人工智能在保险销售过程中可能的误导，如何界定非传统精算技术的偏差带来的损失，以及如何判断保险公司管理层在上述情况下已经尽到职责义务。这无论是对保险科技还是其他金融科技，都是需要思考的问题。对监管机构而言，上述问题也意味着未来需要引入监管科技等更先进的手段。

（二）《互联网保险风险专项整治工作实施方案》

在国务院《互联网金融风险专项整治工作实施方案》的统一部署下，保监会也于2016年10月13日联合14个部门发布了《互联网保险风险专项整治工作实施方案》，重点整治互联网高现金价值业务、保险机构依托互联网跨界开展业务和非法经营互联网保险业务三方面的问题。

目前专项整治工作已于2017年1月完成，总体上效果显著。据中保协数据显示，2017年，互联网渠道包括万能险和投连险在内的理财型业务保费合计296.6亿元，较上年同期大幅减少880亿元，降幅74.8%，主要用于

① 谭媛媛，孙蓉．互联网保险契约不完全性的利益冲突及其防范机制［J］．保险研究，2018（1）：112－127.

P2P 的信用保证险保费为 18.57 亿元，在非车险业务中占比 3.76%，而 2016 年则占比约为 9%。

（三）《关于整治机动车辆保险市场乱象的通知》

2017 年 7 月 11 日保监会下发的《关于整治机动车辆保险市场乱象的通知》（以下简称《通知》）给互联网车险比价平台下了一剂猛药。《通知》要求："各财产保险公司应加强对第三方网络平台合作车险业务的合规性管控。财产保险公司可以委托第三方网络平台提供网页链接服务，但不得委托或允许不具备保险中介合法资格的第三方网络平台在其网页上开展保费试算、报价比价、业务推介、资金支付等保险销售活动。"这几乎封堵了目前车险比价平台的所有经营模式。据估算，七成以上的车险第三方网络平台不合法，约有近 700 家①。部分受到风投投资的车险平台也没有获取牌照②，合规风险较大，亟待转型。

监管层出台《通知》主要针对车险市场上不正常的价格战和保险公司内控上出现的风险。随着大量不受监管的第三方网络平台的出现，市场上各机构间出现恶性竞争，盲目压低价格，违规给予投保人赠品、返现等保险合同约定以外的利益，甚至将佣金倒贴给投保人③。此外，保监会内部通报的案例表明，有非持牌机构非法经营互联网车险业务，违规和保险分支机构甚至县级机构合作开展互联网保险销售业务，造成保险总公司内部业务系统不能

① http：//news. cnstock. com/news，yw－201707－4101902. htm。

② http：//www. 21jingji. com/2017/8－10/xNMDEzODFfMTQxNTExNQ. html。

③ http：//www. cb. com. cn/xinqiche/2017_ 0729/1192526. html。

真实地反映渠道来源；支付给平台的费用以其他名义列支，数据不真实；没有与保险公司业务系统对接，通过其他渠道人工为投保人投保，造成投保轨迹记录不全，容易发生销售误导和理赔难的问题。[①] 上述“乱象”一方面极易损害保险消费者的利益，另一方面也容易造成保险公司内控失效、风险积聚，不利于行业的长远健康发展。

严监管下，中小玩家出局，头部平台和研发实力强的企业将成为赢家。目前若想继续从事相关业务只能向监管部门申请牌照，而根据有关规定，设立全国性保险经纪公司和保险专业代理公司实缴资本不得低于5000万元，这一标准对于大部分中小平台来讲是难以达到的。据报道，2016年底全国性的保险经纪牌照已经叫价千万以上[②]，非一般平台能够承受。而头部平台在自身实力和资本加持下可以升级成为持牌机构，并且凭借对保险互联网销售渠道的深耕，占领中小平台退出后的市场空白。随着市场集中度的提升，过分激烈的价格战、补贴战也将减少，各大头部平台可以专心通过深耕细分市场，提高管理和服务水平等办法改进用户体验，满足客户需求，长期来看，对行业整体的健康发展也不无裨益。对于有强大自主研发实力的车险平台，彻底退出车险销售业务，转型成为持牌机构的技术服务商将是唯一选择。

（四）境外监管情况

目前，英国、新加坡、澳大利亚等英联邦国家正在试点对金融科技的监管沙盒方式。这一概念由英国金融行为监管局（FCA）于2015年提出。监

---

① http：//www. cs. com. cn/xwzx/201707/t20170711_ 5368258. html。

② http：//www. changjiangtimes. com/2017/07/573716. html。

管沙盒主要是指允许企业在监管机构指导的情况下将金融创新应用于有限的实际市场环境以检验可行性，而暂时不遵守有关监管规定。监管沙盒既有利于鼓励金融创新，同时也推动监管与时俱进。据报道，2017 年 9 月 29 日香港保监会宣布推出“监管沙盒”，在现有监管要求的基础上提供弹性安排，以支持保险科技的发展。①

四、案例分析

（一） 中国平安②

中国平安保险（集团）股份有限公司目前已发展成为融保险、银行、投资三大主营业务为一体、核心金融与互联网金融业务并行发展的个人金融生活服务集团之一③。近年来，中国平安在全集团内重视金融科技的创新和应用，成绩突出。

平安将生物识别、大数据、人工智能、云计算和区块链等技术广泛应用于客户经营、渠道管理、客户服务和风险管控，帮助企业提高效率、降低成本、强化风控并改善客户体验。

精细化的客户经营。在寿险方面，平安多渠道、多场景地积累海量客户及数据，形成 360°客户视图，并基于此建立客户分群模型。根据客户分群结

① http：//m. 21jingji. com/article/20170929/herald/5e24cb4bc40745cf7ce9a8bc7cd86f69. html。
② 本小节主要改写自中国平安于 2017 年 11 月发布的《科技提升传统金融价值》报告。
③ http：//pingan. cn/about/overview. shtml。

果，生成产品、服务、渠道和接触时机，将接触线索推送给客户和代理人，以便提供给客户满足其需求的产品和服务。在证券、信托和陆金所等板块同样进行精细化的客户经营，对客户进行画像、分群并推送线索。

智能化的渠道管理与销售。平安创新构建“SAT”模式，销售队伍通过社交平台（S）、销售队伍和客户的APP以及远程支持团队（T），与客户实时互动，颠覆传统销售模式。构建动态的“人员画像+关键特征+筛选流程”循环体系，识别准增员，优选代理人。基于模型对代理人成长路线进行规划并提出辅导建议，人均产能提高20%，留存率提高30%。自动调配培训资源，推荐课程，改善代理人培训效果。

智慧客户服务。平安寿险智慧客服通过声纹和人脸识别客户身份，多维度对客户进行画像并进行风险评价。同时通过OCR、决策树等技术实现在线自助平台、线上门店和现场人工业务处理自动化。运用图片识别、远程视频技术，构建智能动态网格和智能调度平台实现车险极速理赔。

精准、高效的风险管控。自动甄别高风险代理人及高风险行为。基于自核规则+预测+关联模型，进行风险识别并优化风险字段及模型，提升寿险核保理赔风控能力。构建行业领先的驾驶风险因子体系，提升车险定价精准度。基于智能反渗漏、反欺诈模型，精准筛查车险理赔风险。全球领先的图片定损技术，定损准确度达92%，实现秒级定损，已经向7家保险公司输出技术。开发国内首创、国际领先的鹰眼系统，应用于灾害风险评级、灾害预警，降低灾害损失。应用大数据构建信用卡及普惠智能风控，信用卡不良率低至1.18%，位于行业前三。

（二） 蚂蚁金服[①]

蚂蚁金服分别于2017年5月和6月向保险业开放“车险分”和“定损宝”技术，并与之后开放核心技术的平安形成对垒局面。

据报道，2015年9月保险业务板块从蚂蚁金服财富事业群中独立出来，成立保险事业部，2016年进一步升级为保险事业群。保险事业群总裁尹铭谈到，蚂蚁金服定位于专心做好技术，为保险业提供科技服务，“通过技术与保险公司互为生态”。蚂蚁金服希望与行业共建生态，为行业提供“数据实验室”和AI算法能力，帮助中小险企内生出自己的技术力量。截至2017年9月蚂蚁金服保险平台已经增至80家合作伙伴。

用于车主画像和风控的“车险分”已接入了18家保险机构。有接入“车险分”的险企表示，65%车险业务的定价精准度得到提升，可以很好地补充识别风险，“车险分应用于排查尾部客户特别是高风险客户风险的效果很明显”。目前蚂蚁金服还未考虑对该项目收费。[②] 在商车二次费改的背景下，“车分宝”对于车险业务缺乏优势长期亏损的中小险企有很大的吸引力。

“定损宝”用深度学习图像识别技术，对事故车辆照片进行分析，快速给出受损部件及损失金额，准确率达到98%，“定损宝”主要覆盖纯外观伤，占全国私家车索赔的60%，有望为行业每年节省案件处理成本20亿元。此外，“定损宝”还可以帮助保险公司减少缺乏统一标准和骗保案件带来的

---

① 本节综合自公开报道。

② http：//yuanchuang. caijing. com. cn/2017/0922/4336058. shtml。

损失。据称应用“定损宝”可以减少查勘定损人员50%的工作量，是图像定损技术首次在车险领域实现商业应用。①

蚂蚁金服还通过免费赠险的方式发展智能客服。2017年4月，支付宝上线了线下支付送健康险功能，满足条件的用户每使用一次线下支付功能，就获赠一份健康险保额，上线20天就有超过1300万人领取，大部分是“90后”的新保民。蚂蚁金服通过免费赠险，吸引用户了解健康险。一方面，用户通过与智能客服的互动了解健康险有关知识，短时间内让千万用户了解到健康险；另一方面，用户的提问也被作为机器学习的素材，以提高智能客服的对话能力。②

五、总结与展望

2017年互联网保险演进到了3.0即保险科技的时代，互联网生态中的场景和技术与保险价值链深度融合，为保险业发展带来全新机遇。2017年，依托互联网生态开发的场景化保险产品仍是持牌机构重点发力的方向，但受政策原因影响互联网保险保费收入收缩。科技应用于保险核保、理赔是2017年互联网保险发展的一个亮点，保险科技的密集投产落地意味着保险科技时代的真正到来。在互联网保险3.0时代，非持牌机构、持牌机构、渠道商等主体形成了一个合作闭环。在保险价值链上，出现了场景保险定制平台、在

① http://jjckb.xinhuanet.com/2017-06/27/c_136398658.htm。

② http://www.gw.com.cn/news/news/2017/0511/200000459994.shtml。

线保险经纪平台、经纪人展业工具、UBI、保险大数据等赛道，代表性企业纷纷涌现。

互联网保险的快速发展也受到了资本的助力。被称为“互联网保险第一股”的众安在线的高估值成为市场热议的话题，其持续的亏损、新业务可能不及预期以及对合作伙伴的严重依赖显示众安在线还有很长的路要走。在IPO以外，据不完全统计，2017年发生了37次融资事件，有36家企业获得了融资。各业态中，在线保险经纪平台融资额最大，反映资本更青睐商业模式已得到初步验证的业态，而场景定制这一赛道虽然融资企业数量多，但金额不大，反映其还处于早期阶段。

2017年是互联网保险风险专项整治的收官之年，随着监管的深入，行业野蛮生长的时代已经结束。受到车险市场整顿的影响，不少从事车险业务的第三方网络平台受到冲击。未来，持牌与非持牌机构在合规的框架下各自深耕所在领域将成为必然。境外监管机构提出的能够促进鼓励创新和监管跟进的监管沙盒有可能对中国有一定借鉴意义。未来，仍有复杂保险产品、网上身份认定和保险科技三方面的监管问题需要监管机构和企业共同研究。

通过本章的研究，可以预测，随着保险科技的发展，未来基于场景定制保险产品、运用人工智能技术帮助销售，大数据助力保险核保和理赔将成为保险业主要的经营方式，保险业的竞争格局也将发生变化，中小保险公司有可能借力保险科技实现弯道超车，专注于保险科技的非持牌机构中也有望涌现出新的独角兽。保险意识将继续在消费者中得到深化。保险这一古老的行业也将以更经济、更便捷、更现代的方式为无数保险消费者保驾护航。

第6章

投资管理

2013年6月，以余额宝为代表的“宝宝类”理财产品横空出世，使得原本主要为高净值人群所关注的财富管理迅速成为“全民话题”，随后P2P理财、互联网保险理财、产品众筹等互联网理财产品纷纷进入人们的视野。

据本书观察，理财界正在发生至少两大变化：一是产品购买门槛降低、渠道拓宽，线上线下相互配合，传统大资管与互联网理财不断融合；二是理财成本降低、信息披露更透明、服务更智能。

资本市场正在为这些变化添砖加瓦。2017—2018年第一季度，国外理财领域至少完成44笔融资，金额约为10亿美元；国内至少完成55笔融资，金额超过 170 亿元。

理财监管方面同样出现了变革，国内资管新规落地即重要一例。本章将用案例从前述角度剖析 2017 年理财市场。

一、概述

在金融行业，投资管理是一项针对证券和资产的金融服务，其中包括金融分析、资产筛选、股票筛选、计划实现及长远投资监控等。

在金融科技领域，根据巴塞尔委员会的界定，投资管理主要包括智能投资顾问和电子交易服务，前者是运用智能化、自动化系统提供投资理财建议，后者是提供各类线上证券等电子交易服务。

在上述两个领域，投资管理都是基于历史数据，通过建模、分析，进而做出股票、基金、保险、期货等交易操作的行为。

随着人工智能、大数据、云计算的发展，资产管理行业参与者呈现多元化，大致可分为持牌或非持牌的传统金融机构和互联网公司。

金融与科技结合的概念源于美国。1995 年，Charles Schwab（嘉信理财）成为第一家开展线上证券的经纪商；2008 年，世界上第一家智能投顾公司 Betterment 在纽约成立。中国线上证券、智能投顾等金融科技相对起步较晚。2013 年，随着余额宝的出现，传统金融机构将交易场所从线下延伸到线上，互联网公司则针对中小型客户推出入场门槛较低的线上产品。

1. 智能投资顾问

智能投顾的投资模型的理论基础是现代资产组合理论（Modern Portfolio Theory，以下简称“MPT 模型”）、资本资产定价模型（Capital Asset Pricing Model，以下简称“CAPM 模型”）和 Black - Litterman 模型。MPT 模型是由马柯维茨（Harry M. Markowitz）1952 年提出，该理论定义了证券组合风险收益前沿，即在确定风险水平的情况下，收益达到最大或者在收益确定的情况下，风险控制到最小，从而达到最优化投资组合。CAPM 模型和 Black - Litterman 模型都是建立在马柯维茨模型基础上，CAPM 模型将资产收益和风险用线性关系表达出来，Black - Litterman 模型利用概率统计计算预期回报率。

$$\bar{r}_a = r_f + \beta_a \times (\bar{r}_m - \bar{r}_f)$$

图 6 - 1　CAPM 模型公式

伍旭川（2017）定义智能投资（Robo - Advisor），就是人工智能与投资顾问的结合体，是一种结合人工智能、大数据、云计算等新兴技术以及现代投资组合理论（MPT）的对股票、期货、基金、保险、P2P 等资产提供在线投资顾问服务模式。与传统的投资管理不同，智能投顾将“个人经验判断”模式升级为“数据算法判断”模式。根据投资者风险偏好、资产状况、收益目标等，智能投资提供差异化服务；面对普通的投资者，服务范围一般包括资讯提供及分析、投资方式及策略、交易执行等；面对高净值的投资者，服务显定制化趋势，往往需要对投资人的各种资产进行优化组合。

现在，传统投资行业受到智能投顾的冲击，逐渐降低了进入门槛，根据现有公开数据显示，通过计算现有数据平均数，美国的银行需要 350 万美元

（约2363.13万元，根据2017年美元汇率中间价为6.7518），中国的银行需要900万元，而新兴投资行业需要1.93万美元（约13.03万元，根据2017年美元汇率中间价为6.7518）。

表6－1　传统金融机构私人银行部与智能投顾公司的最低投资限额对比

<table>
<tr><td rowspan="10">传统投顾公司</td><td rowspan="6">国外银行</td><td>美林银行</td><td>100万美元</td></tr>
<tr><td>花旗银行</td><td>300万美元</td></tr>
<tr><td>摩根大通</td><td>500万美元</td></tr>
<tr><td>渣打银行</td><td>500万美元</td></tr>
<tr><td>高盛集团</td><td>500万美元</td></tr>
<tr><td>汇丰银行</td><td>200万美元</td></tr>
<tr><td rowspan="4">国内银行</td><td>中国银行</td><td>800万元人民币</td></tr>
<tr><td>招商银行</td><td>1000万元人民币</td></tr>
<tr><td>工商银行</td><td>800万元人民币</td></tr>
<tr><td>建设银行</td><td>1000万元人民币</td></tr>
<tr><td rowspan="6">新兴投顾公司</td><td colspan="2">Wealthfront</td><td>500美元</td></tr>
<tr><td colspan="2">Betterment</td><td>0美元</td></tr>
<tr><td colspan="2">嘉信理财智能投资</td><td>5000美元</td></tr>
<tr><td colspan="2">Motif</td><td>250美元</td></tr>
<tr><td colspan="2">Covestor</td><td>10000美元</td></tr>
<tr><td colspan="2">Personal Capital</td><td>10万美元</td></tr>
</table>

数据来源：东吴证券研究所。

2. 电子交易服务

电子交易，也称为无纸化交易，是一种通过计算机技术、现代通信技术及互联网技术进行证券、外汇、金融衍生物等交易的方式。在金融科技领域，电子交易主要包括互联网证券。

互联网证券与传统模式不同，不需要在固定的交易场所、限定的时间进行交易。证券交易的发展历程可以分为人工撮合、较（不）活跃股票半自动化交易、较（不）活跃股票自动化交易、全面自动化交易几个阶段。业务模式包括证券商网上交易服务、网上证券直接公开发行以及互联网上直接撮合证券买卖三种形式。

世界上第一家电子股票交易所，是创立于1971年的美国纳斯达克（National Association of Securities Dealers Automated Quotations，NASDAQ）。美国作为世界上最发达的股票电子化国家之一，业务包括折扣商提供的在线股票经纪业务、电子通信网络提供的“场外交易系统”等。

表6－2　美国主要的在线股票经纪商

经纪商名称	佣金标准（市价/限价指令）	功能特征					
		网上银行	账户核对	期权交易	电话帮助	电话债券	共同基金
Charles Schwab & Co	$29.95		●		●		●
Fidelity	$25		●		●		●
Merrill Lynch &Competitiveness	$29.95		●	●	●	●	●
TD Waterhouse Inc	$12.00		●	●	●	●	●
E * Trade Group	$14.75/ $19.95	●	●	●	●	●	●
Ameritrade	$8/ $13		●	●	●	●	●
DLJ Direct	$20		●	●	●	●	●
Datek Online Inc	$9.99				●		●
National Discount Brokers	$14.75/ $19.75		●	●	●	●	●

数据来源：《电子交易对证券市场的影响分析》左锋（2003）。

二、中美智能投顾市场

随着大数据、云计算、人工智能、区块链等不断创新升级，投资手段智能化在支付清算、借贷融资、保险、零售银行、财富管理等领域越来越普及。数据显示，在美国和德国，2/3 的企业中 1/3 的人力已经被人工智能所取代。在财富管理领域，智能投顾最初的业务是通过机器人合理避税、定制投资方案，主要代表公司是 Wealthfront、Betterment 等新兴企业。随后，传统机构将智能投顾技术运用在传统业务中，在市场上反超新兴公司，占据市场主导地位。

表6－3　全球主要的智能投顾平台

国家	平台名称
美国	Wealthfront、Betterment、Schwab Intelligent Portfolio、Vanguard、Personal Adviser Services、Personal Capital、Future Adisor
英国	Nutmeg、Money on Toast、Vaamo、Zen Assets
日本	Money Design、Wealthnavi
德国	Ginmon、Quirion
法国	Marie Quantier、FundShop、Advice. fr
加拿大	Wealthsimple
澳大利亚	Stockspot
意大利	MoneyFarm
中国	平安一账通、iFinD 智能投顾、贝塔牛、京东智投

数据来源：国信博后观察等网络公开信息。

ETF（Exchange Tranded Funds，交易型开放式指数基金）是智能投顾主要的交易对象。ETF 是开放式基金的一种特殊形式，它综合了封闭式基金和开放式基金双重特点，投资者既可以通过基金管理公司申购或者赎回基金份额，也可以在二级市场按照市场价格买卖 ETF 份额。

截至 2018 年 6 月，纳斯达克 - OMX 的 ETF 总成交额为全球最多，金额总数为 8457.97 亿美元。

表 6-4　2018 年 6 月主要证券市场 ETF 成交情况

	数量（个）	总成交额（亿美元）	交易笔数（万次）
上交所	101	181.68	189.50
深交所	54	416.08	213.49
香港交易所	135	131.72	29.54
东京交易所	243	307.54	—
纽约泛欧交易所（美国）	1505	651.48	380.26
纳斯达克 - OMX 集团	338	8457.97	3261.76
纽约泛欧交易所（欧洲）	801	—	—
伦敦交易所	2841	242.95	74.70

数据来源：Wind。

（一）美国市场

1. 概况

智能投顾源于美国，其设计初衷是为了降低传统的财富管理公司的用人成本、扩大公司的业务范围。2008 年，Betterment 成立，智投产品主打为退休人员的养老金设计投资方案；2011 年，原名 Kaching 的 Wealthfront 进军在线理财市场，主要为中产人士提供资产评估、资产组合配置、税收损益收割、资产再平衡等服务，在短短的 4 年时间内，业绩一直保持行业第一。

2013年，全球第二大基金公司、第二大ETF公司Vanguard Group（先锋基金）推出Personal Advisor Services（个人顾问服务，以下简称“VPAS”），VPAS的目标客群定义为高净值人群，起投门槛为5万美元，每年的手续费率为0.3%；2015年3月9日，Charles Schwab（嘉信理财）推出Schwab Intelligent Portfolios“嘉信智能组合”，该组合是专门为RIAs（Registered Investment Advisers，拥有注册投资资格的顾问）设计的一款线上智能投资产品，客户理财只需承担较低的管理费用，不需要支付平台费用。先锋基金和嘉信理财作为老牌的投资咨询公司，在推出智能投顾服务后受到热捧，截至2017年底，上述两家公司资产管理规模已经超过Betterment和Wealthfront，稳居行业前两名。

表6-5　智能投顾公司发展状况

时间	机构名称	事项
2008	Betterment	成立
2008年12日	Wealthfront	成立
2009年7日	Personal Capital	成立
2010年8日	Future Advisor	成立
2012年	Acorns	成立
2015年3日	Charles Schwab	嘉信智能组合
2015年12日	德意志银行	推出Anlage Finder
2016年3日	高盛	收购Honest Dolla

数据来源：东吴证券研究所。

2. 行业监管

1940年，美国投资顾问法提出了RIA（Registered Investemnet Advisor,

注册投资顾问）的概念。

根据法律规定，开展智能投顾业务的公司必须成为 SEC（Securities and Exchange Commission，美国证券交易委员会）的 RIA。SEC 对 RIA 持牌机构进行监管，其中包括资产的管理需要通过第三方托管机构，对于每笔投资款项的运用需要通知客户并获得认可。SEC 对机构进行投资组合的估值、表现和资产审核的风险监管；对于是否提供有效的合规政策和程序的合法性监管，以及对考察结果的通知予以公布。投资顾问与折扣商不同，只提供合适的投资建议。也有一些投资顾问公司同时注册了产品销售业务，从而获得佣金。

2015 年，FINRA（Financial Industry Regulatory Authority，美国金融业监管局）对智能投顾工具进行了专项调研。FINRA 作为金融监管主体，成立相关金融科技部门对提供智能投顾服务的企业进行监测和指导。

3. 案例

经过查询，Betterment、Wealthfront 具有开展智能投顾业务的资质。本书从案例的角度说明智能投顾的业务模式和市场情况。

（1）Betterment

①公司简介

作为世界首家智能投顾公司，Betterment 在 2008 年由创始人兼 CEO Jon Stein 设立于美国纽约，截至 2018 年 3 月，Betterment 的管理资产规模（Assets Under Management，AUM）为 135 亿美元。

截至 2018 年 6 月 30 日，Betterment 已经经过 6 轮融资，融资金融累计达 2.75 亿元。

表6-6 Betterment融资情况

轮次	时间	融资金额	领投机构
天使轮			The Anthemis Group、Thomas Lehrman
A轮	2010年12月1日	300万美元	Bessemer Venture Partners（BVP）
B轮	2012年10月3日	1000万美元	Menlo Ventures领投、Bessemer Venture Partners、Anthemis Group跟投
C轮	2014年4月15日	3200万美元	Northwestern Mutual Capital领投、花旗、Globespan等跟投
D轮	2015年2月19日	6000万美元	Francisco Partners领投、Bessemer Venture Partners、Menlo Ventures、Northwestern Mutual Capital等跟投
E轮	2016年3月29日	1亿美元	Kinnevik领投、Bessemer Venture Partners、Menlo Ventures、Francisco Partners跟投
E轮	2017年7月21日	7000万美元	Kinnevik领投、Bessemer Venture Partners、Menlo Ventures、Francisco Partners跟投

数据来源：Crunchbase。

② 业务模式

Betterment推出两种数字和优选服务，服务佣金费率为0.25%～0.4%不等。享受数字服务的客户，即智能投顾服务，对开户没有资金金额要求，年费费率为0.25%；而有一定的资产基础的客户（需要10万美元的最低开户标准）可以选择优选服务，即智能投顾和人工顾问结合，该类型的用户除了享受数字客户可以享受的所有权益以外，还可以得到额外的专业团队和专家的投资建议。

表 6-7 Betterment 推出退休金理财的指导服务

	数字服务	优选服务
年费费率	0.25%	0.4%
最低资金标准	无	最低 10 万美元
可提供服务类型	无门槛的自动化投资组合管理 税收效率策略 针对客户投资的建议	包括数字服务所有的服务选项 针对除了在 Betterment 以外的投资建议 与 Betterment 的 CFP（注册理财规划师）专业团队以及持牌金融专家进行无限通话

数据来源：Betterment 官网。

在投资之前，投资者需要在官网回答年龄、是否退休、年收入 3 个问题，随后，系统将自动给出安全保本投资、退休人员投资以及普通投资 3 个目标选项。

Betterment 通过 ETF（交易型开放式指数基金）进行配置。Betterment 在 ETF 上依赖 Vanguard Group（先锋基金）。

（2）Wealthfront

① 公司简介

Wealthfront 是由 Andy Rachleff 和 Dan Carroll 于 2008 年在美国加州成立，前身名为 Kaching。Kaching 提供线上股票投资交易服务，股票投资者可投入真实的资金或在网站上进行虚拟交易。通过公开的交易成果，优秀的投资人收获追随者。期初，追随者免费获得投资组合信息，直到 2008 年 12 月，追随者开始向平台和投资人支付佣金。2011 年，Kaching 将名字变更为 Wealthfront，且将目标客群定位为中产阶级，主要是硅谷无暇理财的科技人员。根据公开资料，截至 2018 年 3 月，Wealthfront 的管理资产规模已经超过了 100 亿美元。

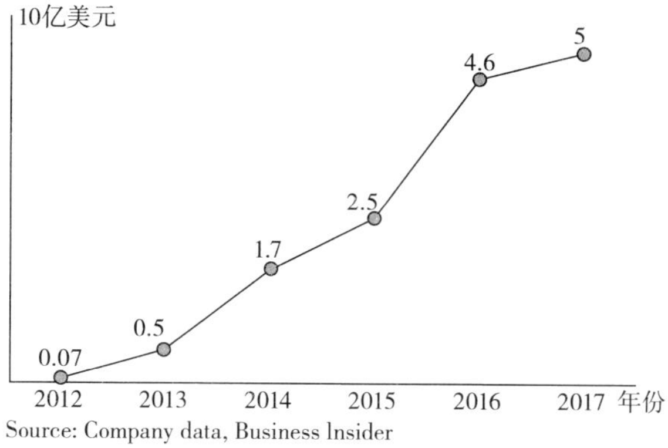

图6－2　Wealthfront 2012—2017年管理资产规模

资料来源：BI Intelligence。

② 业务模式

同Betterment一样，Wealthfront采用被动型投资策略。

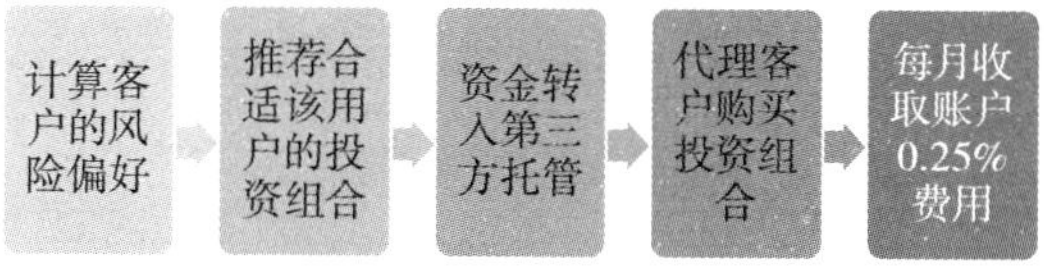

图6－3　被动型投资策略图解

资料来源：百度文库《互联网金融公司Wealthfront分析》。

用户在Wealthfront投资，需要在官网回答问卷。问卷设有固定的8个问题，回答之后官网会将评测的结果发送至用户邮箱。

根据官网对新注册用户的问卷调查，Wealthfront关注的是其风险承受能力，根据MPT模型就是在收益一定的基础上，将风险最小化。

表6－8　Wealthfront风险偏好调查问卷

序号	问题	答案选项
1	你投资的最主要的原因？	A. 日常储蓄；B. 退休；C. 学业储蓄；D. 其他原因
2	你期望什么样的理财顾问？	A. 我喜欢多样化的投资组合；B. 我希望在税收上省钱；C. 我希望有人全权管理我的投资；D. 我希望跟上或超过市场投资表现。
3	你的年龄？	
4	你的税前工资是多少？	
5	你目前的家庭状况？	A. 单收入家庭，没有抚养人；B. 单收入家庭，至少一个抚养人；C. 双份收入家庭，无抚养人；D. 双份家庭收入，至少一个抚养人；E. 退休或财务独立
6	你目前拥有的现金和短期投资金额是多少？	
7	当你决定投资时，你最关心的是什么？	A. 收益最大化；B. 损失最小化；C. 以上两个
8	在全球股市变动时，如果一个月内你的投资组合价值在股市下行时损失10%，你会如何应对？	A. 清仓；B. 出售一部分；C. 继续持有全部投资；D. 继续买入

数据来源：Wealthfront官网。

Wealthfront自2008年上线以来，经过6轮融资，融资金融合计约为2.045亿美元。

表6－9　Wealthfront融资情况

轮次	时间	融资金额	领投机构
天使轮	2008年12月16日	300万美元	Andreessen Horowitz、Open Table、Benchmark Capital 、Kleiner Perkins
A轮	2009年12月15日	750万美元	DAG Ventures

续表

轮次	时间	融资金额	领投机构
B轮	2013年3月20日	2000万美元	Greylock Partners、Index Ventures
C轮	2014年4月2日	3500万美元	Index Ventures、Ribbit Capital
D轮	2014年10月27日	6400万元	Spark Capital
E轮	2018年1月4日	7500万美元	Tiger Global Management（老虎全球投资基金）领投，Benchmark Capital、Greylock Partners、Index Ventures、Social Capital、Spark Capital等跟投

数据来源：CrunchBase、Techcrunch。

Wealthfront的服务费费率为0.25%，即假如用户有1万美元需要做投资咨询，那么Wealthfront只需收取25美元的咨询费，Wealthfront的收费低于传统理财机构，也低于很多智能投顾平台。美国传统理财机构需要收取交易费（trade fees）、投资组合调整费用（reblancing fees）、咨询费（advisory fees）等费用，平均约为1%，最高可达3%。而智能投顾平台节省了用人、用地等成本，通过走量便能实现较多的利润。

自成立以来至2016年上半年，从管理的资产总额来看，Wealthfront称霸智能投顾行业多年，主要原因有以下几点：①市场定位准确。Wealthfront的诞生、成长都绕不开硅谷，Wealthfront的主要客户为硅谷的技术人员；②服务费低。Wealthfront服务费率为传统理财机构的1/4，甚至是1/12；③“病毒式”推广模式。Wealthfront采取老用户推荐新用户，双方都有现金奖励的方式进行推广。

③ 同业比较

Wealthfront一度在智能投顾领域排名第一，直到2015年下半年被betterment超越。

图6-4　Betterment 和 Wealthfront 2013—2016 年管理资产总额增长趋势

资料来源：中信建投。

（二）中国市场

1. 概况

在中国，智能投顾行业没有专门的牌照，监管部门也没有对从业是否需要持有牌照提出硬性规定。现阶段，一般说的牌照就是证券咨询牌照或者基金销售牌照。

通过在中国证券业协会的查询，共有 84 家公司具有提供投资咨询的资格，主要分布在北上广深等金融发达地区，其中北京 18 家、上海 17 家、深圳 11 家、广东（不含深圳）6 家。持牌者以投资咨询公司、券商为主。

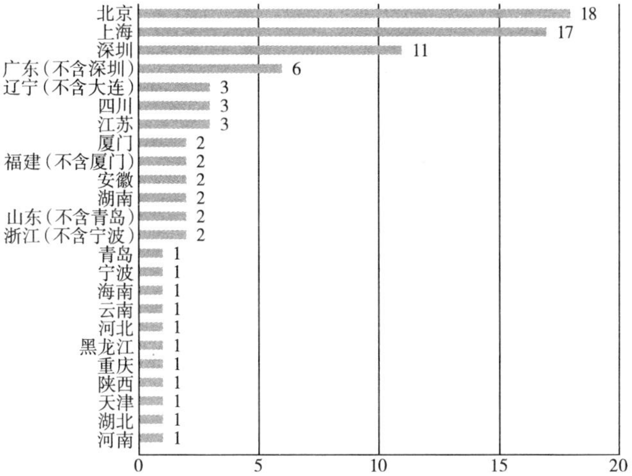

图 6－5　中国投资咨询持牌公司地域分布

资料来源：中国证券业协会。

根据基金业协会数据显示，持基金销售牌照的公司有 366 家，其中八成为银行、券商及独立基金销售机构。

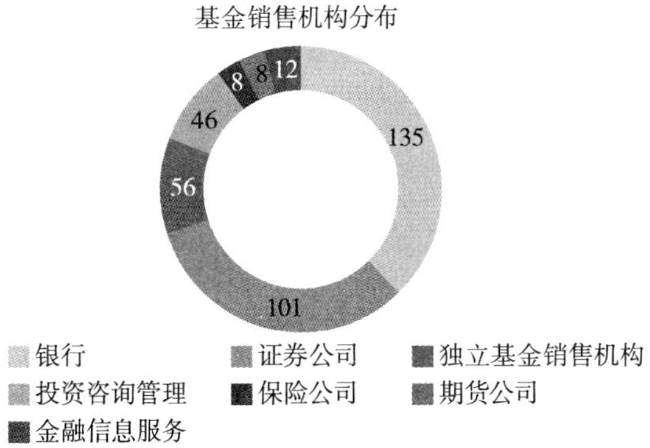

图 6－6　基金销售机构分布

资料来源：零壹智库。

证券投资咨询牌照较为难得，一般持牌公司仅持有基金销售牌照，更多的公司是没有相关证券或基金牌照的。

2. 行业监管

2010 年，证监会发布《证券投资顾问业务暂行规定》，其中第 7 条指出“向客户提供证券投资顾问服务的人员，应当具有证券投资咨询职业资格”。因为证券咨询牌照不易获得，所以商业银行基本上只有一张基金牌照。

2018 年 4 月 27 日，《关于规范金融机构资产管理业务的指导意见》（以下文简称“资管新规”）第 22 条对智能投顾做出了规范。第 22 条提出：“金融机构可以聘请具有专业资质的受金融监督管理部门监管的机构作为投资顾问。投资顾问提供投资建议指导委托机构操作。”

在中国，暂时还没有推行相应的牌照。现在我们通常所说的持牌公司，一般是持有证券投资咨询牌照或者基金销售牌照。

根据本书不完全统计，持有证券咨询牌照的券商有华安证券股份有限公司（以下简称“华安证券”，600909. SH）、广州证券有限公司（以下简称“广州证券”）、申万宏源证券有限公司（以下简称“申万证券”）等。

根据不完全统计，持有证券牌照的券商有华安证券股份有限公司（以下简称“华安证券”，600909. SH）、广州证券有限公司（以下简称“广州证券”）、申万宏源证券有限公司（以下简称“申万证券”）等。

表6－10　传统金融行业参与智能投顾情况

时间	传统金融行业名称	事项
2016年12月6日	招商银行	推出智投产品“摩羯智投”，为用户推荐一个包含债券、股票和商品类基金的组合
2017年5月3日	兴业银行	推出智投服务
2017年9月19日	广发银行	推出智投平台“广发智投”；推出贝塔牛，提供A股及大类资产配置智能投顾服务
2017年11月（预计）	光大银行	即将推出智投服务“阳光AI投”
2016年11月16日、2017年12月（预计）	浦发银行	推出“财智机器人”服务、即将推出“财智机器人2.0”智投服务
2017年11月13日	工商银行	推出智投产品“AI投”
2018年1月25日	中信银行	推出智投产品“信智投”
2017年9月20日	平安银行	平安银行手机银行业务——“平安口袋银行”推出了智能投顾服务
2016年11月2日	华泰证券	出资7.68亿美元全资收购美国资管平台AssetMark Financial Holdings，Inc
2017年9月7日	光大证券	发布互金服务产品“智投魔方”
2015年6月11日	申万宏源证券	联合股利多和天音通信正式发布新产品“股神+”，提供智能理财解决方案
2017年4月8日	长江证券	iVatarGo正式上线，是国内首款券商智能财富管理系统。

数据来源：网上公开资料整理。

对互联网公司来说，申请牌照绝非易事。在BATJ中，腾讯、蚂蚁金服持有证券咨询牌照和基金销售牌照，京东、百度暂时只有基金销售牌照。

表6－11　BATJ牌照统计

	腾讯	阿里巴巴（蚂蚁金服）	京东	百度
证券	中金公司（4.95%）	上海智蚁理财顾问有限公司（100%）	无	无

续表

	腾讯	阿里巴巴（蚂蚁金服）	京东	百度
基金销售	腾安基金销售公司	蚂蚁基金销售公司	北京肯特瑞财富投资管理公司	北京百度百盈基金销售有限公司

数据来源：中国证券协会官网。

3. 案例——摩羯智投

① 简介

2016 年 12 月 6 日，招商银行在深圳举办了招行 APP 5.0 暨摩羯智投新闻发布会，成为国内首家推出智能投顾模型的商业银行。根据证券协会和基金协会官网，招商银行持有基金销售牌照，为持牌系智能投顾机构。

② 业务模式

摩羯智投将客户投资行为按照投资期限、风险承受能力给予基金组合和模拟收益率等投资建议。摩羯智投将风险等级分为 10 级按照 0 ~ 1 年、1 ~ 3 年、3 年以上的期限将基金进行组合，合计 30 种组合。

通过摩羯智投 APP 智能投资板块，投资者可以选择购买单只基金或者基金组合。在 APP 自助选基栏目中，投资者回答完风险偏好、投资期限两个问题后，摩羯智投通过筛选给予单只基金推荐；在摩羯组合栏目中，投资者在选择投资期限和风险承受级别后，APP 给予组合配置比例以及相应方案。

表 6 – 12　摩羯智投自助选基的问题调查

序号	问题	答案选项
1	您可容忍的投资亏损幅度为？	A、-1% ~0%；B、-7 ~ -1%；C、-45% ~ -7%
2	您希望的投资期限为？	A、1 年；B、2 年；C、3 年；D、4 年；E、5 年

数据来源：摩羯智投 APP。

③ 同业比较

从表6－12可以看出，商业银行中，招商银行基金组合数量为30只，数量约为江苏银行、工商银行、平安银行的2倍，广发银行的6倍。截至2018年1月10日，摩羯智投的基金池中涉及股票型、混合型、债券型、货币型4类合计23只基金，模拟年化收益率在为5.01%～11.23%。平台每年收取0.2%的管理费和0.02%的托管费。

中国商业银行的智能投顾平台大部分为了保护商业机密，采用不对客户公开操作过程、模型及算法等的黑盒策略。

表6－13　商业银行智能投顾产品基本状况

对比对象	招商银行	广发银行	江苏银行	平安银行	工商银行
发展阶段	成长阶段	起步阶段	起步阶段	起步阶段	起步阶段
投资门槛	20000元	20000元	20000元	20000元	10000元
策略类型	黑盒策略	白盒策略	黑盒策略	黑盒策略	黑盒策略
组合数量	30种	5种	15种	11种	15种
风险等级	10	5	5	11	5
投资期限	3年	—	3年	—	3年

数据来源：商业银行智能投顾模式探索——以摩羯智投为例［J］. 华北金融，2018年（4）。

三、电子交易服务（互联网证券）

20世纪60、70年代，证券市场快速发展，证券交易人工撮合的成交率低下极大地制约了证券交易的进一步发展。20世纪70年代以后，越来越多的证券交易所纷纷引进电子交易系统，实现了证券交易过程的自动化。20

世纪90年代，互联网技术在证券市场中得到广泛地应用。

互联网证券起源于美国，通常是指证券公司运用互联网技术进行证券发行、交易、销售、定价及衍生服务的业务模式。

与传统证券业务模式不同，互联网证券将平台作为发展主体，开展通过网络向用户提供即时行情资讯的服务模式。互联网证券解决了证券公司成本问题，而且为用户提供了便利。证券公司可以缩减人工、租金等成本，而用户通过平台或者手机APP在股票交易时间段在网上下达买卖指令，指令通过证券交易商传递给证券交易所。

互联网证券具有成本低、产品种类丰富、移动性强等特点。

成本低：电子交易降低了交易成本和市场进入壁垒。证券业务的佣金持续走低，投资者大量涌入证券市场。海通证券、国泰君安等传统券商把网上开户佣金定为0.03%；国金证券和腾讯推出的“佣金宝”的佣金率仅为0.025%。

种类丰富：大部分用户对风险承受能力有限，对保本增值类理财产品有投资偏好。证券公司通过技术手段对理财产品进行评估，将证券、银行、保险、信托等理财产品组合，设计出更多可供选择的产品种类。

移动性强：为了顺应用户使用网络、手机获得信息的习惯，券商纷纷推出客户端，更多的证券业务从营业网点转至线上。

互联网证券业也存在着交易、信息风险。

交易风险：在电子交易过程中，指令的传达接收可能会出现延时和错误，从而导致整个交易系统的紊乱。

安全风险：由于互联网开放程度高，交易信息、数据存在被泄露的风险。同时，还有一些不法之徒，通过获得的账号信息非法交易从而获利。

市场风险：无论是“黑色星期一”还是2008年的金融危机，美国证券市场对全球市场迅速产生了影响。

（一）国外互联网证券

1. 概况

证券佣金战从美国蔓延至全球，佣金率已经逼近成本线。美国一些证券公司为了摆脱这一窘境，推出增值服务即旗下专业团队对产品进行创新设计，其中最为成功的就是嘉信理财。

表6－14　国际知名互联网券商

市场	名称	形态	初始背景
美国	美银美林	全能银行	投资银行
	嘉信理财	综合理财商	折扣经纪商
	盈透证券	机构经纪商	软件技术公司
	E * TRADE	交易型经纪商	软件技术公司
	TD Ameritrade	交易型经纪商	清算服务商
	Motif	折扣经纪商	新兴互联网公司
日本	SBI	综合金融集团	软银旗下财务公司
	乐天证券	综合金融集团下经纪服务商	传统小券商
	Monex	折扣经纪商	网络证券公司
印度	India Infoline	交易与融资型券商	研究机构

数据来源：券业星球。

2. 案例——嘉信理财

①公司简介

嘉信理财（Charles Schwab，SCHW. NYSE）是一家总部设在旧金山的金融服务公司，成立于 1971 年。1975 年，美国证监会（SEC）开始在证券交易中实行议价佣金制，嘉信理财定位为折扣佣金经纪商从而获得初步发展。现阶段，嘉信理财向个人或者机构提供财富管理、证券经纪、银行、货币管理、托管和财务咨询服务。

截至 2017 年底，嘉信理财拥有 1085.5 万活跃证券用户，管理客户资产达 3.36 万亿美元，同比增长 21%。嘉信理财 2017 年实现总资产 2432.74 亿美元，净利润 23.54 亿美元。

② 历史上的转折

1975 年以前，美国证监会规定所有的证券经纪公司按照全国统一的标准费率收费，证券买卖的大户和散户支付的佣金相同，规定所有经纪公司不得给客户任何形式的回扣或补贴。此时美国证券经纪商全部保持盈利的状态，行业发展处于停滞的状态。

1975 年，美国证监会为了刺激市场发展，取消了固定经纪佣金制度，一些证券公司如美林提高了佣金率，一些仅给予大客户折扣，与大多数公司不同的是，嘉信理财将目标客户设定为长尾客户即中小投资者。嘉信理财用低费率打开了市场，提高了知名度。随后，嘉信理财布局基金市场，推出了共同基金销售 OneSource 服务。1995 年，嘉信理财进入线上证券市场，延续低佣金的策略吸引客户。但是由于低佣金战略可复制性高，市场一度恶性竞争，嘉信理财在坚持低佣金甚至零佣金的同时，提供更多种类的产品吸引客户，以此建造商业壁垒收复市场份额。

2002 年，嘉信理财研发了“嘉信股票排行榜”（Schwab Equity Ratings）程序，对美国市场 3000 只股票和境外市场 4000 多只股票进行 A 到 F 的评级。嘉信理财还开展了智能投顾资产组合服务（Schwab Intelligent Portfolios）和嘉信顾问网络（Schwab Advisor Network）。

③历年收入组成

嘉信理财主要收入来自利息净收入、资产管理费收入、经纪业务收入，2008—2017年，嘉信理财利息净收入逐步增加，2017年度，嘉信理财的利息收入占营收的一半，金额为42.82亿美元。

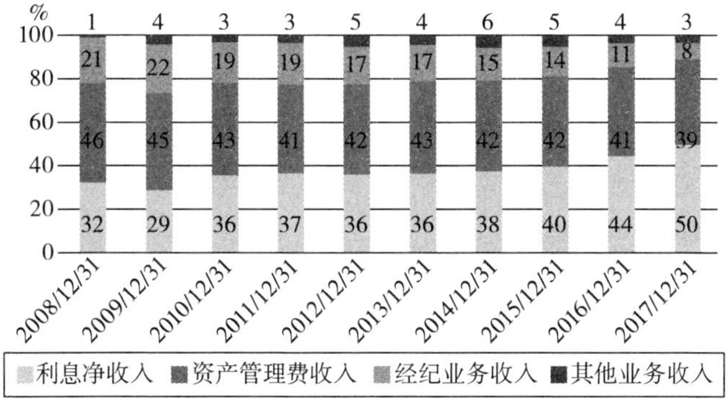

图6－7　嘉信理财上市后营业收入

资料来源：零壹智库。

资产管理收入与当年营收的变化幅度相近，比较稳定；经纪业务收入出现下滑的趋势，正因为利息与经纪业务收入变动浮动明显负相关，两者此消彼长，所以对营业收入的变化没有造成较大影响。

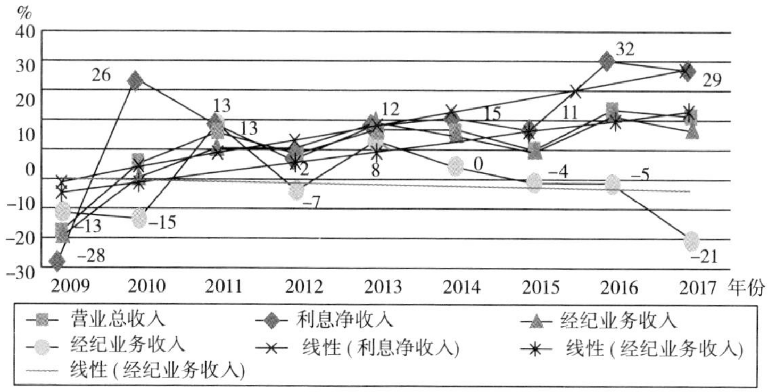

图6－8　嘉信理财营业收入同比增长率

资料来源：零壹智库。

嘉信理财平台的商业模式正在被其他公司效仿，其中东方财富被称为中国的嘉信。嘉信理财用低价或免费吸引用户，进而吸引共同基金到平台卖基金并收费，再引入第三方咨询服务收取服务费。当基金版图已经构成，嘉信理财开始发展在传统金融方面的业务。嘉信理财在证券方面的发展之旅与基金相似，先承接项目，进而对进驻平台的证券公司收费，最后再向第三方咨询公司收费。

（二）中国互联网证券

1. 发展历史

中国互联网证券发展分为4个阶段。

起步期：20世纪90年代，中国证券交易所实现计算机联网买卖股票。1997年3月，中国华融信托公司湛江营业部开办了网上证券交易业务，成为全国第一家网上证券交易营业部。

规范期：2000 年 3 月，中国证监会颁布《网上证券委托暂行管理办法》和《证券公司网上委托业务核准程序》，从监管层面给予证券交易互联网化的可行性指导。依托政策，证券公司开设网上业务，2000—2004 年，交易方式经历了线上、短信及手机客户端 3 种模式。2013 年，国泰君安、华泰证券等传统券商简化股票购买流程，启动网上开户业务。

爆发期：2014 年，中国证券业协会启动互联网证券业务试点公司。2014—2015 年，55 家券商分 5 个批次获得了试点资格。2015 年 3 月 11 日，互联网证券专业委员会成立。

表 6－15　互联网证券业务试点单证券公司名单

批次	时间	数量（家）	名单
第一批	2014 年 4 月 4 日	6	中信证券、国泰君安证券、长城证券、平安证券、华创证券、银河证券
第二批	2014 年 9 月 19 日	8	广发证券、海通证券、申银万国、中信建设、国信证券、兴业证券、华泰证券、万联证券
第三批	2014 年 11 月 24 日	10	财富证券、财通证券、德邦证券、东海证券、方正证券、国金证券、国元证券、长江证券、招商证券、浙商证券
第四批	2014 年 12 月 26 日	11	华宝证券、东方证券、南京证券、西南证券、中原证券、齐鲁证券、安信证券、华林证券、东兴证券、第一创业证券、太平洋证券
第五批	2015 年 3 月 2 日	20	财达证券、东莞证券、东吴证券、国海证券、国联证券、恒泰证券、华安证券、华龙证券、华融证券、民生证券、山西证券、世纪证券、天风证券、西藏同信证券、湘财证券、银泰证券、中金公司、中投证券、中山证券、中邮证券

数据来源：中国证券业协会官网。

调整期：2016年至今，证券市场呈现下降趋势。2018年7月6日，中国证券业协会向部分券商发放《关于有序规范证券公司互联网证券试点业务的函》，该函指出，结余理财账户资金不在客户交易结算资金体系内，为保障客户资金安全，提出4条有序规范互联网证券试点业务的相关要求：

"一是已实际展业的互联网证券业务试点公司不得新增开立理财账户。未实际展业的试点公司不得新开展此类业务。

二是已实际展业的互联网证券业务试点公司应逐步规范存量理财账户，参照证券账户开立要求补充完善客户资料，切实做好客户身份识别、客户资金核查、风险揭示等工作，并加强与客户间的沟通解释，引导客户主动将相关理财账户资金纳入客户交易结算资金监管体系。

三是已实际展业的互联网证券业务试点公司应于2018年7月31日前，向我会报送有序规范互联网证券业务的方案，方案需由公司法定代表人及合规总监签字，并加盖公司公章。

四是未实际展业的互联网证券业务试点公司应于2018年7月31日前向我会报送未开展互联网证券试点业务并承诺不新开此类业务的承诺函。承诺函需由公司法定代表人及合规总监签字，并加盖公司公章。"

2014—2018年，互联网证券试点业务在持续4年后宣告终结。

2. 案例——东方财富

(1) 公司简介

东方财富信息股份有限公司（以下简称"东方财富"，300059. SZ）在2005年成立时是一家垂直财经社区，在积累用户资源后，于2008年上线基金销售业务，旗下天天基金是中国访问量最大的基金网站。2015年，东方财富收购西藏同信证券，获得证券业务的全牌照，包括经纪、投资咨询、财务顾问、自营、资产管理、融资融券业务、证券承销与保荐等。2016年，西藏同信证券改名为西藏东方财富证券股份有限公司。

图6－9　东方财富互联网金融业务版图

资料来源：国泰君安证券研究。

2010—2013年，东方财富主要收入来自广告服务和金融数据服务。2012年，东方财富获得基金销售牌照，东方财富基金销售成为主要收入来源。2015年，东方财富将公募基金和第三方支付牌照收入囊中。

根据2010—2017年年报，东方财富的营业收入在2015年达到最高，金额为29.26亿元。其中，83.46%的收入来自电子商务服务，即代销基金，金额为24.42亿元，同比增长556.45%；2016—2017年，由于证券经纪业务和利息收入扩大，证券业务占比提升。截至2017年12月31日，证券业务、金融电子商务服务收入分别为14.34亿元、8.44亿元，占比分别为56.3%、33.14%。

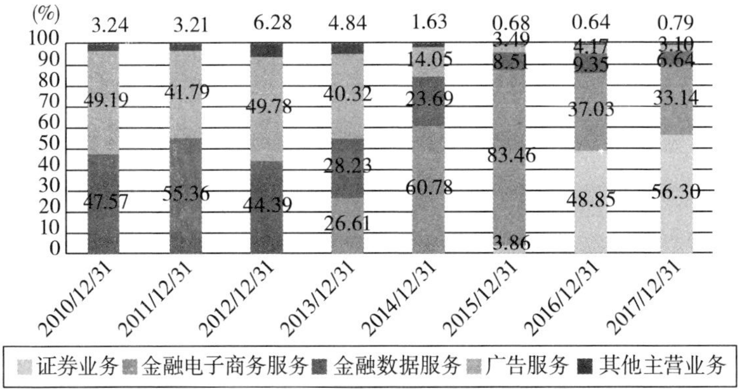

图6-10　东方财富上市以后营业收入构成（按产品分类）

资料来源：零壹智库。

（2）竞争优势

①已形成金融产业链

东方财富旗下有Choice、东方财富通、天天基金网、东方财富网、股吧、东方财富证券等服务平台。东方财富网提供股票、基金、期货、保险等资讯；Choice提供专业的数据统计、分析服务；东方财富同、西藏东方财富证券、天天基金网提供股票、基金的交易服务；股吧则为用户提供了一个答疑解惑的场所。从咨询—数据—交易—维护，东方财富打造的一站式服务平台，既让用户减少了一人多户的麻烦也节约了时间。

根据艾瑞咨询的数据，2017 年 6 月和 12 月，“东方财富网”月度覆盖人数分别为 7003 万人和 7539 万人，日均覆盖人数分别为 1071 万人和 1096 万人，月度浏览时间分别为 5758 万小时和 6040 万小时，在国内财经网站中名列前茅，在行业中处于领先地位。

表 6 – 16　东方财富旗下平台

平台名称	服务范围
东方财富网	财经门户网站
股吧	股票主题社区；微信公众号
东方财富通	炒股软件
Choice	金融数据平台
天天基金网	证监会批准的独立基金销售机构
西藏东方财富证券	提供证券交易、理财产品、融资融券、财富贷等业务的平台

数据来源：东方财富官网。

② 金融牌照齐全

东方财富是首家拿到券商牌照的中国互联网公司。与其他自主申请牌照的公司相比，收购规模较小、股东结构简单的西藏同信证券（西藏东方财富证券）具有获牌全面且周期短等优势。

2017 年末，上海天天基金销售有限公司（以下简称“天天基金”）总资产为 40. 03 亿元，资产负债率为 89. 13%；2017 年，天天基金营业收入为 8. 54 亿元，净利润为 0. 42 亿元。

截至 2017 年末，西藏东方财富证券在全国 26 个省（自治区、直辖市）

共设有96家营业部和9家分公司，拥有2家全资子公司。

截至2017年末，东方财富证券总资产为309.85亿元，所有者权益为66.74亿元。2017年，东方财富证券实现营业收入14.24亿元，净利润6.35亿元，同比大幅增长69.78%；同期，东方财富证券总资产收益率和净资产收益率分别为2.60%和10.11%。

2017年，东方财富实现投资收益2.01亿元，同比大幅增长343.44%，主要由于东方财富长期股权投资收益和处置金融工具取得的收益大幅增加所致。其中，长期股权投资收益主要来自公司投资的联营企业上海漫道金融信息服务股份有限公司（以下简称“漫道金服”），东方财富对漫道金服的投资收益由2016年的3952万元增加到2017年的8524万元。

表6－17　东方财富持牌情况

序号	持牌人名称	成立时间	持股比例（%）	牌照种类
1	天天基金	2008年12月3日	100	基金销售；公募基金
2	西藏东方财富证券	2005年11月27日	100	证券经纪；证券投资咨询；与证券交易、证券投资活动有关的财务顾问；证券自营；证券资产管理；证券投资基金代销；代销金融产品；融资融券业务、证券承销与保荐
3	上海徐汇东方财富小额贷款有限公司（以下简称“东方财富小贷”）	2017年7月19日	70	小额贷款
4	漫道金服	2008年9月3日	27	第三方支付

数据来源：企查查。

四、总结与展望

资产管理，特别是在金融科技领域，国外市场起步早、专业创新能力强，中国市场发展速度快。智能投顾和电子交易为资产管理两大支柱。智能投顾依托 MPT 模型、CAPM 模型以及 Black - Litterman 模型为理论基础，利用大数据、AI 等科技手段为投资者提供在线的投资规划建议。电子服务，主要是互联网证券，投资人利用电子通信技术、互联网技术进行股票、外汇、金融衍生物等交易。

智能投顾和电子交易有相似之处：

（1）两者皆受益于技术创新，进行了进一步的产业升级。与众多创新行业相同，两者的起源地在美国。

（2）两者都接受相关部门不同程度的监管。美国的监管部门有 SEC、FINRA 等，中国的监管部门有证监会、中国证券协会等。

（3）两者的进入壁垒降低。投资者受惠于低价、便捷的服务，大量涌入市场。同时，产品服务组合类型呈现多样化，抗风险能力越来越强。

智能投顾和电子交易不同之处：

（1）业务范围不同。智能投顾提供投资建议服务，没有投资决策权。电子交易提供在线交易服务。智能投顾的主要针对基金，电子交易主要针对股票等。

（2）监管力度不同。智能投顾的监管程度明显松于电子交易。在中国，监管部门关于智能投顾是在 2018 年资管新规首次提及，“金融机构可以聘请具有专业资质的受金融监督管理部门监管的机构作为投资顾问。投资顾问提供投资建议指导委托机构操作”。互联网证券经历过55家券商通过暂行办法获批试点到叫停。

对于未来的发展，本书提出几点设想：

（1）由于当前P2P行业投资具有较大的风险，所以未来的投资对象可能为相对保险的基金。2018年8月6日，14只养老基金获得证监会发行批文，成为首批公募养老目标基金。这些关于基金的利好，对智能投顾也是利好。

（2）智能投顾和电子交易会结合区块链技术将账户信息、产品种类数量、交易过程进行信息记录。

致　谢

本书在研究与调研过程中得到了以下机构与人士的大力支持，特此致谢：

机构	职务	姓名
新颜科技	首席执行官	黄向前
前隆科技	创始人	俞亮
泰然金融	总裁	吴素春

研究合作单位简介

新颜科技

上海新颜人工智能科技有限公司（以下简称“新颜科技”）是一家专注于风控领域技术创新的金融科技公司，总部位于上海，在北京、深圳、成都等地设有分支机构。公司聚集了来自金融、IT 和互联网行业的风控、数据、研发等领域的资深专家，拥有一支专业高效的高精尖团队，服务覆盖全国。

新颜科技通过云计算、机器学习等技术，逐步打造了以人工智能为核心的先进技术体系，向非银信贷、银行、保险、证券、基金理财、社交平台、共享平台以及电子商务等多领域机构提供智能风控服务。

新颜科技着眼未来，不断推进产品技术革新。2018 年 8 月，新颜科技与上海交通大学共同挂牌成立了“上海交大－新颜科技人工智能金融科技联合实验室”，着力研究基于深度过程学习的信贷行为建模与风险评估，以及基于信贷行为数据的用户画像及行为的预测关键技术等金融科技领域尖端问题。另外，联合实验室还将致力于通过实习基地等方式共同培养人工智能、金融科技等方面的人才，推动上海政府金融科技智库建设。

自成立以来，新颜科技始终秉承“以信为本，以诚为怀，求是务实，传承创新”的企业文化，精研技术，聚焦产品，借助大数据、云计算、人工智能、区块链等前沿技术，不仅给合作伙伴提供了一系列高效的风控产品，还可以依据具体场景，输出定制化的风控服务。

截至目前，新颜已向多家持牌消费金融机构提供智能金融风控服务，也累积了众多知名互联网金融公司及银行等合作伙伴，合作机构数量超过2000家，在业内凭借精研产品创新，沉淀服务基础，树立了良好的信誉及口碑。

前隆科技

上海前隆信息科技有限公司（以下简称“前隆科技”）创始团队2012年组建于上海北外滩。自成立以来，前隆科技致力于为金融行业客户在消费金融领域内的创新提供科技服务。基于人工智能、生物识别、大数据、云计算等技术，前隆科技搭建互联网科技平台，为客户提供解决方案，助力其实现在线精准营销获客、大数据智能风控、全流程IT系统操作。

前隆科技是高新技术企业、上海市科技小巨人企业、中国互联网金融协会首批会员单位，获得ISO 27001国际信息安全管理体系认证。此外，前隆科技已获得69项软件著作权，获得及申请32项专利。目前，技术和风控团队整体占比超过70%，核心高管中约50%来自国内外知名大行，创始人曾组建招商银行的第一个数据互联网部门“数据通路室”，联合创始人是企业社交平台创新先锋，首创了信用卡管家移动平台。

前隆科技主要产品为：趣花生活、应花分期、趣花分期、星辰平台。

趣花生活是跨场景信用生活综合服务平台，对用户及其需求进行精准分析，与各类客群相似、服务互补的实体行业客户联合，为用户提供集信用消费、在线购物、尊享特权、生活服务为一体的服务。

应花分期是垂直场景消费分期信息科技平台，服务教育、3C 消费电子、女性电商等市场，为实体行业客户筛选优质用户并对接金融机构，由金融机构为用户提供消费贷款。

趣花分期是泛场景消费分期信息科技平台，通过在线购物商城等渠道获取消费需求，并通过智能信审系统加人工审核进行初步筛选，将优质的消费需求及消费类资产推荐给合格资金方，由资金方决定是否提供服务。

星辰平台为以中小银行为主的金融行业客户加速数字化转型提供科技赋能，针对客户的零售信贷业务提供智能反欺诈、智能用户分析、智能决策引擎、场景化风控解决方案等服务。

泰然金融

泰然金融，于 2014 年 9 月上线，已稳健运营 4 年，是 260 余万用户选择的互联网借贷信息撮合平台，累计为用户完成出借超过 430 亿元。

秉承着“让信任创造价值”的理念，平台坚持为用户打造透明、专业、合规的出借环境，并坚持以符合监管要求的“小额、分散”原则，为用户提供出借和借款信息撮合服务。

平台已通过国家信息安全等级保护三级认证，上线中国最大的城市商业银行资金存管，并独立研发了基于大数据人工智能的智子风控系统，以科技金融为核心，为用户发现更多财富增值的可能。2017 年，平台获得浙江省“十佳互联网金融创新企业”。2018 年，平台荣获“2018 年杭州市企业高新技术研发中心”认证。